鄭峰明著

文史哲學集成

莊子思想及其藝術精神之研究

文史框出版社印行

莊子思想及其藝術精神之研究 / 鄭峰明著. --
初版. --臺北市：文史哲, 民 98.10 印刷
頁　公分.（文史哲學集成；174）
參考書目：　頁
ISBN 978-957-547-379-2 (平裝)

121.337

文史哲學集成 174

莊子思想及其藝術精神之研究

著　者：鄭　峰　明
出版者：文　史　哲　出　版　社
http://www.lapen.com.tw
e-mail：lapen@ms74.hinet.net
登記證字號：行政院新聞局版臺業字五三三七號
發行人：彭　正　雄
發行所：文　史　哲　出　版　社
印刷者：文　史　哲　出　版　社
臺北市羅斯福路一段七十二巷四號
郵政劃撥帳號：一六一八〇一七五
電話886-2-23511028・傳真886-2-23965656
實價新臺幣二八〇元
中華民國七十六年（1987）十月初版
中華民國九十八年（2009）十月 BOD 初版一刷

ISBN 978-957-547-379-2　00174

莊子思想及其藝術精神之研究　目次

序

莊子思想博大精深，其文詭譎深閎，欲窺其堂奧，除深厚學力外，猶需佐以過人之見識與豪邁之胸懷，吾雖不敏，然愛其文之雄邁豪壯，汪洋自適，故輒披覽其文，欲尋繹其思想軌迹，遇有體會自得，則作札以記之，洎其略有所積，乃分類編纂，冀能略窺莊子思想之門徑。又吾素喜臨池自遣，以書畫同源故，亦兼賞丹青之作，深覺中國書畫藝術似與莊子思想息息相關，故又由莊子思想探索其藝術精神之所在。莊子一書本非藝術之作，然其思想蘊含藝術原理，故本論文之作，由其思想之研究，進而探索其藝術精神，而名之曰「莊子思想及其藝術精神之研究」。

莊子三十三篇之作者常引起爭議，故首章探討莊子三十三篇之作者，並從史記、莊子介述莊周生平事蹟，兼及莊子書文體之介紹，俾能對其人其書有概括性之瞭解。夫凡思想之起，必淵源有自，故次章從時代背景及諸子思想中，探究莊子思想產生之所以。第三章論述莊子思想之概要，先記其本體論，以明莊子對宇宙原理之看法，次記認識論，以申莊子對宇宙萬象之認識，次又記其人生論，以探討莊子對人生處世之態度，末記其政治論，以論其政治哲學之內涵。至若「莊子之藝術精神」一章，則從莊子之修道歷程與藝術創作之修練歷程論述其相同處，並由此析述其藝術精神之精蘊處。又以託之空言之無益，故進而證驗莊子藝術精神確曾影響或落實於不朽藝術之創作上。末章結論、總結歷代對莊書之看法，並指陳有關莊子之藝術精神近世已廣受學界注意，實值得吾人努力開拓之廣濶園地。

斯篇之作，雖戮力以赴，然學殖有限，疏漏之處在所難免，敬祈　方家有以教正。

第一章　莊子與莊子書

第一節　莊子書之作者

莊子一書的作者一般均認爲是莊周，但莊周是一個謎樣的人物，莊子書也是謎樣的書，導致這種現象的原因，其較顯著的不外乎三種：㈠道家本身思想使然㈡先秦書寫工具之粗陋貧乏㈢道術分化，令先秦諸子之思想脈絡不十分清晰。後兩者之因素是先秦諸子思想之共有現象，前者之因素則爲道家所特有的，茲試說如下：

㈠道家本身思想使然：道家人物大抵以隱者爲先驅人物，若史遷即說：「老子，隱君子也。」又謂「老子修道德，其學以自隱無名爲務。」（註一）隱者大多爲志行高蹈人物，既是隱於市俚山林間，後世往往難考其姓氏生平，如論語中之長沮、桀溺、荷蓧丈人等均爲此中人物。故老子既爲隱君子，其學自以「自隱無名」爲務。至於莊子，史遷言「其學無所不窺，然其要本歸於老子之言，故其著書十萬餘言，大抵率寓言也。」（註二）又莊子天下篇云：

「以天下爲沈濁，不可與莊語，以巵言爲曼衍，以重言爲眞，以寓言爲廣。」故莊子既是歸承老子，又大抵以寓言寄託微意，固無法詳考其人，亦無法從其書究稽蛛絲馬迹。因此，由於道家本身思想之特性，令後人無從深查道家人物及其書之來龍去脈。

㈡先秦書寫工具之粗陋貧乏：中國現存最早的文字是公元前十四世紀殷代契刻在甲骨文上的卜辭，（註三）嗣之用於記錄文字者有青銅器、玉石、及陶泥等銘文，以及竹簡與木牘。但前者均屬堅硬耐久的材料，是人與鬼神、後代子孫間的交通工具，也即是時間上的直行交通；後者是人與人之間的文字交通工具，乃用於空間上的橫行交通。（註四）準此，就先秦諸子用以表達思想工具書者，乃以竹簡、木牘爲宜。然就以竹簡、木牘之材料審視之，雖然竹簡、木牘之書寫比甲骨、金石來得容易、但亦有其本身之缺失在：一者材料雖易於取得，但本身柔脆易損，不適於永久保存。二者無後世紙張之書寫方便，亦不易大量傳寫。因此，儘管先秦諸子將其思想書之於簡牘文字，既不能如甲骨、金石文字之永久保存，也不能大量書寫而廣布流傳。所以，先秦典籍先遭秦始皇之焚書坑儒，復經項羽之火燒咸陽宮，連受此兩大浩刼厄難，到了漢初，雖經極力搜集整理，已難恢復舊觀矣！是以後世對於先秦典籍，既有斷簡殘篇之浩嘆，對其成書年代與作者亦難以考明。

㈢道術分化之影響：莊子天下篇說：「天下大亂，聖賢不明，道德不一，天下多得一察焉以自好。」又說：「後世之學者，不幸不見天地之純，古人之大體，道術將爲天下裂。」道術之分化似爲先秦思想之一特色，因此韓非子顯學篇也說：「故孔、墨之後，儒分爲八，墨離爲三」某一思想之形成，固能成爲一家之言，然及其末流，往往「得一察焉以自好」，因而造成學派之紛歧。即以墨家而言，韓非子顯學篇即說：「自墨子之死也，有相里氏之墨，有相夫氏之墨，有鄧陵氏之墨。」墨子思想崛起於春秋末期，韓非子將其與儒家並稱顯學，孟子亦將其與楊朱並列爲口誅筆伐之對象，足見墨家當時之盛況。然墨子一死，別墨繼起，致使其思想軌迹紛歧矣！道家思想亦然，雖有莊周承老子之學而自立一家之說，然莊周後學既多，雖有書傳諸後世，亦難明其涇渭矣！

由上所述，可知先秦諸子儘管有著作存世，然其思想脈絡與作者眞相，往往難予稽考，尤其由於道家思想之特性，尤難於繹其紛緒。因此，莊子一書之作者自來即疑竇紛陳，即以史遷爲莊周作傳亦僅云：「作漁父、盜跖、胠篋，以詆訾孔子之徒，以明老子之術，畏累虛、亢桑子之屬，皆空語無事實。」（註五）史遷所言諸篇均不在今本莊子內七篇中，然莊子內七篇，自來皆以爲莊子所自著。（註六）如此，史遷之言，亦值得商榷矣！即以今本莊子分內、外、雜篇，亦非莊子書原來面目，大約定分於魏普六朝的時候。（註七）再以今本莊子三十三篇而言，其作者輒有仁智之見。（註八）因此，要很確切的斷定莊子一書的作者實在是很困難。儘管如此，莊子一書畢竟是以莊周爲首的一本思想論文集。（註九）所以試就今人研究之所得，酌以個人之管見，將莊子書之內篇、外篇、雜篇之作者理其頭緒。

一、內篇之作者

莊子內七篇自古以來皆以爲莊子所自著，原因無他，蓋莊子內七篇內容精醇，脈絡分明，文字縱肆雄奇，乃莊子書的精華處，所以郎擎霄說：

> 內七篇由曠觀而後忘賓，忘賓而後得主，得主而後冥世，冥世而後形眞，形眞而後見宗，見宗而後化成，節合珠聯，七篇猶是一篇。（註一〇）

郎氏以爲莊子內七篇首尾一貫，環節密合，自是莊子之傑作。所以郎氏又說：

> 七篇之文，分之則篇明一義，合之則首尾相承：首建逍遙，神遊方外，若全書之總綱；次申齊物，理絕名言，爲立論之前驅；或明養生之道，或論涉世之方；或著至德之符。其體爲何？以大道爲宗師；其用爲何？以帝王爲格致。自餘諸篇，反覆以明，校其細鉅，咸有可述。執此數者，以權玄言，名理湛深，繁衍奧博，可驗之几案之下矣。（註一一）

由此可見，莊子內七篇確可代表莊子思想之完整體系，所以難怪乎焦竑說：「內篇斷非莊生不能作。」（註一二）惟堅信內七篇爲莊子所著者雖言之鑿鑿，疑不是莊子所著者亦大有人在。例如王叔岷先生於莊子校釋序說：

> 至於外雜篇，昔賢多疑爲僞作，然今本內外雜篇之名，實定於郭氏，則內篇未必可信，外雜篇未必可疑。

王氏認爲內、外、雜篇既是郭氏所定，恐係經由郭象重新排比釐定，自非莊書原來面貌。另外近人葉國慶雖亦肯定內七篇大抵爲莊子所著，惟獨懷疑人間世不出於莊子，其所持理由，除認爲內、外、雜篇之區分乃郭象所定外，另舉五項疑點：1.體裁不類。2.意義不連貫。3.思想不類。4.抄襲。5.佚篇與佚文。（註一三）葉氏之疑，大抵受唐蘭影響，惟唐氏乃疑大宗師子桑戶一章，葉氏獨疑人間世一篇。（註一四）葉、王二氏之疑雖不盡相同，其基本出發點則均在郭象定本上。其實要審定古代書籍之眞僞，應從其思想上之完整性、精醇度加以考量，至於小疵之出入在所難免，何者？正如前所論，先秦書寫工具非常粗陋貧乏，致使先後佚序雜沓紊亂，或後世註文之羼入均常發生。否則，今本莊子雖爲郭象所定，何以內篇與外雜篇之思想、風格出入那麼大？而獨獨內七篇却又顯得那麼完整精醇？所以卽使像受西方嚴格治學訓練的胡適也說：「內七篇大致可信，但也有後人加入的話。」（註一五）所以總結說來，莊子內七篇是莊子所著，只是有些後來的材料摻雜進去，應該是可靠的說法。

二、外雜篇之作者

莊子內七篇文旨華妙，精微奧衍，當是莊子原作。至於外、雜篇，自昔賢卽已疑其多爲後人所僞託，卽或不然，亦爲弟子所記錄。像焦竑卽說：「內篇斷非莊生不能作，外篇雜篇則後人竄入者多。」（註一六）又王夫之也說：「外篇非莊子之書，蓋爲莊子之學者，欲引伸之，而見之弗逮，求肖不能也。」（註一七）又王夫之於雜篇釋之說：「雜云者，博引而泛記之謂。故自庚桑楚、寓言、天下而外，每段自爲一義而不相屬，非若內篇之首尾一致，雖重詞廣喩，而脈絡相因也。」（註一八）卽明言雜篇與內篇不類，自非莊子之作。所以外、雜篇非莊子所作，自昔卽爲衆多學者所贊同。外、雜篇既非莊子所著，那麼到底出自何人之手？自來學者輒以一得之見疑之而難明確指出作者爲誰。像史遷云：「作漁父、盜跖、胠篋以詆訾孔子之徒，以明老子之術。」蘇軾則以爲「讓王、說劍皆淺陋不入於道。」而疑讓王以下四篇其文不類莊子所作。（註一九）焦竑則舉外雜篇所記不符時代而疑爲後人所作。焦竑於焦氏筆乘云：

之噲讓國在孟子時而莊文曰昔者，陳恆弒其君，孔子請討，莊子身當其時，而胠篋曰陳成子弒其君，子孫享國十二世，卽此推之，則秦末漢初之言也。豈其年踰四百歲乎？曾史盜跖與孔子同時，楊墨在孔後孟前，莊子內篇三卷未曾一及五人，則外篇雜篇多出後人可知。又封侯宰相等語，秦以前無之，且避漢文帝諱，改田恆爲田常，其爲假

託尤明。（註二〇）

類似焦竑一得之見而疑外雜篇者，歷代皆有。近人研究莊書者，輒綜合前人之說而以表列之，雖能綜理其序，惟於外、雜篇之作者，亦難明確指之。若葉國慶之莊子研究，將外、雜篇之作者大抵歸爲四類：一、爲學莊者所作：計有達生、山木、知北遊、秋水、則陽、田子方、庚桑楚等篇。二、爲衍莊學者所作：至樂、徐无鬼、外物、列禦寇等篇。三、秦漢間之作品：計有駢拇、馬蹄、胠篋、繕性、刻意等篇。四、漢時作品：在宥、天地、天道、天運、讓王、盜跖、說劍、漁父、寓言、天下等篇。（註二一）又黃錦鋐先生於「關於莊子及莊子書」一文，取材詳實，論證精審，已較葉氏之說明確，今据其說歸納如下：

駢拇、馬蹄：與莊子有直接關係的人所作。

胠篋、在宥：老子學派的門人所作。

天地、天道、天運：出於漢初儒家或道家手筆，最早也不會超過秦統一天下以前。

刻意、繕性：秦末漢初養生之士的作品。

秋水：秦漢間學莊者的作品。

至樂：疑爲楚漢時避世的黃老之徒所作。

達生、山木：莊生弟子的作品。

田子方：秦漢間學莊者據自傳聞的記述。

知北遊、庚桑楚：老子學派所作。

徐无鬼、則陽、外物、寓言、列禦寇：這五篇除了寓言第一段是莊子的序文外，其餘可說是莊子後學者所作，經漢初道家彙集編成。

讓王、盜跖、說劍、漁父：戰國末年莊子後學所作。

天下：戰國後期或漢初儒家之徒的作品。（註二二）

總歸以上所述，外雜篇之作者大抵可歸五類：一、莊子弟子所作。二、老子學派的作品。三、秦漢間學莊者作品。四、秦漢間黃老之徒的作品。五、漢初儒家的手筆。因此，莊子外雜篇非出自一人一時一地之作，或許該是討論或衍申莊學的論文總集。至於是否出自莊周之手，也不能就因此一概抹殺其價值。吾人研究先人典籍，端在如何去蕪存菁，以裨益世道人心，務使我中華文化燃射萬丈光芒，才是吾人之第一要務。

【附　註】

註　一　見史記老莊申韓列傳。

註　二　同註一。

註　三　見錢存訓中國書史，頁一七三。
註　四　見錢存訓中國書史，頁一七一。
註　五　見史記老莊申韓列傳。
註　六　見黃錦鋐莊子及其文學，頁一三。
註　七　見黃錦鋐莊子及其文學，頁一七。
註　八　參見葉國慶莊子研究三八頁各篇著作時代列表，以及黃錦鋐莊子及其文學關於莊子及莊子書一文，頁一一〇。
註　九　見鈴木修次莊子，頁二二。
註一〇　見郎擎霄莊子學案，頁二三。
註一一　見郎擎霄莊子學案，頁二一—二二。
註一二　見張心澂僞書通考，頁七一五。
註一三　見葉國慶莊子研究，頁二二—頁二四。
註一四　見葉國慶莊子研究，頁二一。
註一五　胡適中國古代哲學史，頁一〇九。
註一六　見張心澂僞書通考，頁七一五。

註一七　見王夫之莊子解，頁七六。

註一八　見王夫之莊子解，頁一九六。

註一九　參見東坡全集莊子祠堂記，頁三九一。

註二〇　見張心澂僞書通考，頁七一五。

註二一　見葉國慶莊子研究，頁三八—四一。

註二二　參見黃錦鋐莊子及其文學，頁一八—四〇。

第二節　莊周略傳

一、史記之莊周傳

有關莊子之生平事蹟，只有史遷在史記裡爲他記傳，但也只有二百多字，史記老莊申韓列傳說：「莊子者，蒙人也，名周。周嘗爲蒙漆園吏，與梁惠王、齊宣王同時。其學無所不窺，然其要本歸於老子之言，故其著書十萬餘言，大抵率寓言也。作漁父、盜跖、胠篋，以詆訿孔子之徒，以明老子之術。畏累虛、亢桑子之屬，皆空語無事實。然善屬書離辭，指事類情，用剽剝儒墨，雖當世宿學不能自解免也。其言洸洋自恣以適己，故王公大人不能器之。楚威王聞莊周賢，使使厚幣迎之，許以爲相，莊周笑謂楚使者曰：『千金、重利；卿相，尊位也。子獨不見郊祭之犧牛乎？養食之數歲，衣以文繡，以入大廟，當是之時，雖欲爲孤豚，豈可得乎？子亟去，無汙我。我寧遊戲汙瀆之中以自快，無爲有國者所羈，終身不仕，以快吾志焉。』」

在這段簡要的傳記裡，莊子似栩栩如生活現紙面，似又爲一位謎樣的人物，値得後人探討的問題很多，玆分數點探討之：

1. 莊子的籍貫

史記謂莊子爲蒙人，裴駰史記集解引地理志曰：「蒙縣屬梁國。」陸德明經典釋文莊子音義序錄因之，曰：「梁國蒙縣人也。」尋左傳莊公十二年，宋萬殺閔公于蒙澤，杜預注曰：「蒙澤、宋地，梁國有蒙縣。」日人竹添光鴻考說「今河南歸德府商邱縣北有蒙澤，莊子蒙人，卽此地。」依上述諸家之說，史記云莊子蒙人。蒙，原本宋地，宋滅之後歸屬於梁國。至於蒙之確切地點，黃錦鋐先生依據讀史方輿紀要，認爲竹添光鴻的意見並不可靠，左傳莊公十二年、宋萬弑閔公于蒙澤，在歸德府城東北三十五里，莊子眞正的老家應是歸德府南二十五里之小蒙城。（註一）竹添氏與黃氏之解稍有差異，但莊子之出生地點在今之河南省商邱附近應是毫無問題。

莊子之出生地既知為宋之蒙地，今之河南省商邱縣，就其歷史淵源與地理位置而言，亦有足以影響莊子之因素在：第一：史記說老子是「楚苦縣厲鄉曲仁里人」，苦縣在春秋時屬陳國，後陳滅歸楚，即今之河南省鹿邑縣，約在商邱南邊六、七十公里。（註二）老莊在河南省之地緣關係，有如孔、孟在山東省之密切。（註三）第二：河南之地古代隱逸之風甚熾，孔子周遊列國，去葉反于蔡，遇長沮、桀溺之地，史記正義引括地志在許州葉縣西南二十五里，即今之河南省許昌縣附近。（註五）莊子逍遙遊篇記堯讓天下於許由，許由不受，逃隱於箕山，在今河南省登封縣東南（註六）。道家之先驅人物率乃棲隱高士，河南之地隱逸之風既熾，無疑地應給莊子莫大之影響。第三：蒙本屬宋地，宋乃周滅殷之後，封殷之裔於此。亡國之民難免為人所蔑視與嘲諷，若孟子之「揠苗助長」，韓非子之「守株待兔」，列子之「野人獻曝」，皆以宋人為嘲弄對象之寓言。亡國之痛所產生之苦澀生活，對出生於宋地之莊周而言，能完全無視於此嗎？

2.莊子的生卒年代：

史記裏記莊子「與梁惠王、齊宣王同時。」又云：「楚威王聞莊周賢，使使厚幣迎之。」從史記莊周傳裏並無明言莊子生卒年代，僅知與梁惠王、齊宣王同時，楚威王曾使使往聘之。尋梁惠王二十九年，齊宣王始立，又三年，為楚威王元年，楚威王立十一年卒，其聘周不知何年。（註七）因此，欲依史記所載以明斷莊子生卒年代，實有困難。至於從莊子書中所稱引人物事蹟，據以推斷莊周年歲履歷。以莊子書中都是假設的寓言，所引歷史人物往往不顧事實，所以僅能聊作參考，不能據以作推斷之證明。近人研究莊子生卒年代之學者甚多，然確切時代之斷定却不盡相同，其生年最早者約於西元前三百九十八年，最晚者約於西元前三百五十年，其間約有五十年之差距；其卒年最早者約在西元前三〇九年，最晚者約在西元前二七五年，其間約有三十年之差距。（註八）總之，史遷所載之莊周史料，並未能明斷莊子之生卒年代，據近代學者的推斷，莊周之生卒年大體約在西元前四世紀末至西元前三世紀末間應無問題。

3.莊子之學承：

史記莊子傳裡云：「其學無所不窺，然其要本歸於老子之言。」史遷明言莊子之學歸於老子，自來並無異議。民初之後，疑古之風起，老、莊之學承亦漸受懷疑。若梁啓超先生以爲老子書作於戰國之末，（註九）錢穆先生就哲學思想之系統立論，以爲老子書出於莊子內篇七篇之後，（註一〇）若依梁、錢兩氏之說，莊子承老子之學恐有問題。惟亦有肯定老子書者，若胡適先生則辨證孔子曾見過老子，（註一一）其著作中國古代哲學史亦以老子先於孔子。唐蘭先生亦著文力言老聃先於孔子，道德經是老聃遺言。（註一二）林尹先生則認爲

「老」是姓，「子」是古代男子尊稱，孔子曾見之老子是一人，著書之老子乃其後人。（註一三）若據胡、唐兩氏之說，乃肯定史記所言莊子學本歸於老子。至於林氏之說，則既能解孔子見老子之疑，又可析老子書後起之所以，可謂中肯之論。蓋先秦思想之起，未必即是成書之時，論語出自孔子弟子及後人所記纂，即是明顯的例子。孔子見老子之說既是禮記曾子問篇及史記孔子世家、老莊申韓列傳均有記載，則老子先於孔子，則又何嘗不能為莊子學說之先驅？是以史記言莊子學本歸於老子之言，似應可信。

4.王公大人不能器之：

本傳末段言楚威王「聞莊周賢，使使厚幣迎之。」結果莊子視之如敝屣，以自適己意，類似此記載，莊子列禦寇篇與秋水篇所記有關莊子鄙棄富貴之旨趣相當，茲列述於下：

莊子列禦寇篇：「或聘於莊子，莊子應其使曰：子見犧牛乎？衣以文繡，食以芻叔、及其牽而入於大廟，雖欲為孤犢，其可得乎？」

秋水篇：「莊子釣於濮水，楚王使大夫二人往先焉，曰：願以竟內累矣。莊子持竿不顧曰：吾聞楚有神龜，死已三千歲矣，王巾笥而藏之廟堂之上，此龜者，寧其死為留骨而貴乎？寧其生而曳尾於塗中乎？二大夫曰：寧生而曳尾塗中。莊子曰：往矣！吾將曳尾於塗中。」

列禦寇篇所記亦以犧牛作喻，但無「遊戲汙瀆之中以自快」之語，秋水篇所記則以神龜喻之，但語意神味則與史遷所記相近，很顯然的是史遷融裁兩者入傳而趨於簡潔明快。然而不管三處記載之孰優孰劣，莊子之傲視王侯將相，顯現出莊子一生傲骨嶙峋之冰潔與嚮往逍遙自適之孺慕情懷，直令後世汲汲於名利而折腰從人者汗顏無已。

二、莊子書中之莊子

史家正式立傳，只有史遷史記裡還有二百多字之記載，留給後人的畢竟只有簡單而模糊的印象。莊子書裡有關莊子記載甚多，雖大多以寓言出之，但表現莊子之行誼事蹟均栩栩如生而富有生命力，因此莊子書裡之莊子記載，亦可提供後人作一參考，今試就莊子書之莊子試作鈎勒。

1.貧窮生活

莊子一生貧窮，可從莊子書中窺見一斑。莊子外物篇說：

莊周家貧，故往貸粟於監河侯，監河侯曰：諾！我將得邑金，將貸子三百金，可乎？莊周忿然作色曰：周昨來，有中道而呼者，周顧視車轍中，有鮒魚焉，周問之曰：鮒魚來，子何為者邪？對曰：我，東海之波臣也，君豈有斗升之水而活我哉，周曰：諾，我且南遊吳越之王，激西江之水而迎子，可乎？鮒魚忿然作色曰：吾失我常與，我無所處，吾得斗升之水然活耳，君乃言此，曾不如早索我於枯魚之肆！

家中無糧米之炊，向人告貸，却換得遙不可期之承諾，富貴者之不恤貧家由此可見。本來能以「斗升之水」即可濟活人命，然而却吝於施予，富貴者之慣於說冠冕堂皇的空話，莊子的諷刺可謂一針見血。

儘管莊子貧窮，然其一身傲骨，甘於澹泊，對富貴者之汲汲營於物質生活而貧於精神生活，也是大張撻伐。莊子山木篇說：

莊子衣大衣布而補之，正緳係履而過魏王。魏王曰：何先生之憊邪？莊子曰：貧也，非憊也。士有道德不能行，憊也；衣敝履穿，貧也，非憊也，此所謂非遭時也。……今處昏上亂相之間，而欲無憊，奚可得邪？此比干之見剖心徵也夫！

貧窮並不可悲，最可悲的是「道德不能行」；貧窮並不可嘆，最可嘆的是「昏上亂相」！執政者不見於此，難怪乎上行下效，世人均汲汲於功名利祿。因此，莊子之貧窮，並不是眞正的貧窮，他畢竟無視於「千金」「卿相」。（註一四）惟有涵養精神，才是眞正富有的人！才是眞正快樂的人！

2.莊子的交遊

太史公書稱莊子「其學無所不窺」，但他又是一個「獨與天地精神往來」的人，因此，王公大人固不能器之，尋常卑俗小人更看不在眼裡。這並不是意味著莊子孤高自鳴，落落寡合，事實上因他是一個至情至性的人，所以他既恨透了貪己享受而不恤民命的執政者，也恨透了爲追慕功名利祿而卑膝迎合的小人。所以，他寧願夢交於髑髏，（註一五）逍遙於無何有之鄉（註一六）也不願屈己以從俗。今檢莊子書中其交遊人物本不廣，最爲突出者，厥爲惠施與曹商，此二人最足以表現莊子之交遊態度。

莊子書中屢記莊子與惠施之辯論，若逍遙遊篇裡辯「無用之用」，德充符篇裡論「無情」，秋水篇多屬哲理性之論辯。較能表現莊、惠之突出個性與矛盾衝突，厥在秋水篇所記二事，秋水篇說：

莊子與惠子遊於濠梁之上，莊子曰：儵魚出遊從容，是魚樂也。惠子曰：子非魚，安知魚之樂？莊子曰：子非我，安知我不知魚之樂？惠子曰：我非子，固不知子矣，子固非魚也，子之不知魚之樂，全矣。莊子曰：請循其本。子曰『女安知魚樂』云者，既已知吾知之而問我，我知之濠上也。

從觀魚出遊之樂與否，可充分反映莊、惠間顯然不同之個性。莊子能與「天地並生，萬物爲一」，他的感情是天地間的至情，他看整個宇宙都是充滿生機，天地間的一草一木都是具有活活潑潑的生命，所以他能透過移情作用，充分體會出儵魚出遊之樂。反觀惠施是先秦名家，對名物之辨非常嚴謹，人是人，物是物，人怎知儵魚出遊之樂？所以莊、惠間自會產生一場聞名於世的激辯。由於莊、惠間有此性格之顯著差異，所以於功名富貴上也有明顯不同的看法，秋水篇又說：

惠子相梁，莊子往見之，或謂惠子曰：莊子來，欲代子相。於是惠子恐，搜於國中，三日三夜。莊子往見之曰：南方有鳥，其名爲鵷鶵，子知之乎？夫鵷鶵發於南海而飛於北海，非梧桐不止，非練實不食，非醴泉不飮，於是鴟得腐鼠，鵷鶵過之，仰而視之，曰：嚇！今子欲以子之梁國而嚇我邪？

惠施相梁，莊子去拜訪老友，本卽尋常事，惠施却驚恐莊子欲取而代之，大事搜捕莊子，莊子仍然坦然拜訪，以「鴟得腐鼠」諷之，且以鵷鶵表明心迹。由此段記載，可知莊子、惠子間除有性格上之差異外，於功名富貴上亦有不同之看法。莊、惠間旣有此性格之差異與衝突，爲何莊子還常與惠施辯論？大概在當時足以與莊子從辯論中而激起智慧火花的，就屬惠施一人了。所以惠施一死，莊子言辯無質，便落落寡合矣！這可從莊子徐無鬼一段記載概見一斑！徐無鬼篇說：

莊子送葬，過惠子之墓，顧謂從者曰：郢人堊慢其鼻端若蠅翼，使匠石斲之。匠石運斤成風，聽而斲之，盡堊而鼻不傷，郢人立不失容。宋元君聞之，召匠石曰：嘗試爲寡人爲之。匠石曰：臣則嘗能斲之，雖然，臣之質死久矣。自夫子之死也，言無以爲質矣，吾無與言之矣！

從這段文字裡，可知儘管惠施與莊子間有性格上的差異，儘管惠施有貪戀功名富貴的缺失，但他畢竟惟一能與莊子言辯於心的人，難怪惠施一死，莊子要哀嘆「吾無以爲質矣！」

至於另一位曾交往的曹商，其貪戀功名富貴之可鄙，莊子不但不屑與之爲伍，甚至大張撻伐，列禦寇篇記載這件事說：

宋人有曹商者，爲宋王使秦。其往也，得車數乘，王說之，益車百乘。反於宋，見莊子曰：夫處窮閭阨巷，困窘織屨，槁項黃馘者，商之所短也；一悟萬乘之主而從車百乘者，商之所長也。莊子曰：秦王有病召醫，破癰潰痤者得車一乘，舐痔者得車五乘，所治愈下，得車愈多。子豈治其痔邪，何得車之多也？子行矣！

曹商誇耀以汲求富貴爲己之長，且沾沾自得之狀，看在莊子眼裡，簡直卑鄙得令人作嘔，難怪莊子要說：「子行矣！」。

3.莊子的婚姻

莊子的家庭生活記載幾是闕無，惟一可供參考的是莊子妻死的記載。莊子至樂篇說：

莊子妻死，惠子弔之，莊子則方箕踞鼓盆而歌。惠子曰：與人居，長子，老身，死不哭亦足矣，又鼓盆而歌，不亦甚乎？莊子曰：不然，是其始死也，我獨何能無概然，察其始而本無生，非徒無生也本無形，非徒無形也而本無氣。雜乎芒笏之間，變而有氣，氣變而有形，形變而有生，今又變而之死，是相與爲春秋冬夏四時行也。人且偃然寢於巨室，而我噭噭然隨而哭之，自以爲不通乎命，故止也。

這段話或許是借莊子妻死來表現莊子之生死觀，但由此却留下莊子曾娶妻生子之線索，只可惜未能留下莊子之妻子姓氏與子嗣蕃衍之詳情，致使後人未能詳考莊子之家傳譜系，這不能不說是一大缺憾！

4.莊子的死

莊子因何而死，典籍亦無確切記載，但莊子臨死之坦蕩胸懷，莊子書裡也有一段記載，莊子列禦寇篇說：

莊子將死，弟子欲厚葬之。莊子曰：吾以天地爲棺槨，以日月爲連璧，星辰爲珠璣，萬物爲齎送，吾葬具豈不備耶？何以加此？弟子曰：吾恐烏鳶之食夫子也，莊子曰：在上爲烏鳶食，在下爲螻蟻食，奪彼與此，何其偏也。

這段話一則固然可反映莊子生死觀之瀟灑坦然，另一則表現出莊子後學以「眞人」「神人」認知莊子之意圖。莊子大宗師篇說：

古之眞人，不知說生，不知惡死，其出不訢，其入不距，翛然而往，翛然而來而已矣！

逍遙遊篇也說：

至人無己，神人無功，聖人無名。

天下篇也爲「至人」「神人」下注解說：

不離於精謂之神人，不離於眞謂之至人。

莊子書裡之「至人」「神人」「聖人」均能超脫生死，並能達於無己、無功、無名之境界，是道家所嚮往追慕之人物，在莊子書裡，莊子後學對於莊子之認知，無疑以近似「至人」「神人」之地位加以肯定。

【附　註】

註　一　見黃錦鋐莊子及其文學，頁二。

註　二　見鈴木修次莊子，頁二五。

註　三　依史記孔子世家及孟荀列傳，孔子生於魯昌平鄉陬邑。孟軻，鄒人。按正義引括地志云：「鄒城在袞州泗水縣東南六十里，昌平在泗水縣南五十里，二聖均生於泗水縣附近。」

註四　見史記孔子世家及論語微子篇。
註五　見古今圖書集成第十二册職方典，頁一〇五。
註六　見鈴木修次莊子，頁二六。
註七　參見史記六國年表第三。
註八　參見黃錦鋐莊子及其文學莊子生卒年異說表，頁五。
註九　見古史辨第四册梁啓超論老子書作於戰國之末，頁三〇五。
註一〇　見古史辨第四册錢穆關於老子成書年代之一種考察，頁三八三。
註一一　見古史辨第四册胡適老子傳略，頁三〇三。
註一二　見古史辨第四册唐蘭老聃的姓名和時代考，頁三三二。
註一三　見林尹中國學術思想大綱，頁四九。
註一四　參見史記老莊申韓列傳。
註一五　見莊子至樂篇。
註一六　見莊子逍遙篇。

第三節　莊子書

一、郭象本「莊子」

現今所傳莊子書分內篇、外篇、雜篇，共三十三篇，乃晉人郭象所輯。但依漢書藝文志言「莊子五十二篇」，與今本莊子篇數不合。唐陸德明經典釋文序錄記司馬彪注莊子二十一卷，五十二篇；孟氏注十八卷五十二篇，（註一）與漢書藝文志相合，可能是相同的本子。經典釋文序錄另載有崔譔注十卷，二十七篇，向秀注二十卷，二十六篇，既不合於漢志，亦不類於今本莊子，可見莊書歷來迭經去取重編。史記言莊子著書十餘萬言，查考今本莊子約爲六萬五千餘言，（註二）兩者相較，儘餘約二分之一。依唐陸德明經典釋文敍錄云：

> 然莊生弘才命世，辭趣華深，正言若反，故莫能暢其弘致；後人增足，漸失其眞。故郭子玄云：『一曲之才，妄竄奇說，若閼弈、意脩之首，危言、游鳧、子胥之篇，凡諸巧雜，十分有三。』漢書藝文志莊子五十二篇，卽司馬彪、孟氏所注是也。言多詭誕，或似山海經，或類占夢書，故注者以意去取。（註三）

若依陸德明所言，莊子一書經後人增足，言多詭誕，已羼雜類似山海經或占夢之言，郭象注莊子，以己意去取，冀會莊生之旨。所以依此推之，今本莊子似爲郭象所刪定。然而世說新語文學篇一段記載郭象注本竊自向秀注本之說，又似乎否定郭象注本之自創性，世說新語文學篇云：

初，注莊子者數十家，莫能究其旨要。向秀於舊注外爲解義，妙析奇致，大暢玄風，唯秋水、至樂二篇未竟而卒。秀子幼，義遂零落，然猶有別本。郭象者，爲人薄行有雋才，見秀義不傳於世，遂竊以爲己注，乃自注秋水、至樂二篇，又易馬蹄一篇，其餘衆篇，或點定文句而已。」（註四）

依世說新語此段文字所述，郭象僅注秋水、至樂二篇，其餘衆篇，或點定文句而已。自此一說出，後世學者或持反對之說，亦有在依違兩可之間者。此間之是非，雖有仁智之見，然若要論斷郭象是否竊自向秀，最有力之證據爲今之郭象莊注與向秀莊注之比較，則可得其實。近人楊明照即列舉釋文及列子張湛注引向秀注八十七條與郭象莊注兩相比較，得其義相同者四十七條，其義相似者十五條，其義相異者二十七條。是以楊氏說：「辜榷較之，厥同踰半。雖全貌未窺，難以概定，然侏儒一節，長短可知。是子玄河分嵩勢，春入燒痕之嫌，實有莫辯矣。」指陳郭象之竊向秀注，至爲明顯。（註五）黃錦鋐先生於「關於莊子向秀注與郭象注」一文中，除綜述各家之說外，亦分列列子張湛注引向秀注，及釋文引向秀注，與郭象注參合比較，亦得其結論說：「綜上所列，釋文中或向注文字訓詁郭略而未及外，其他注文文義則幾全相同，其不同者，或僅爲文字之相異，而文義基本上仍爲相同。」（註六）郭注莊子與向秀注既是意同詞異，或竟然是文義相同，則郭象注本竊自向秀注本，恐是不易之論。

郭象注本既是竊自向秀注本，則郭象本莊子之篇目，亦應以向秀注本爲藍本而編定。至於向秀注本之篇目似又依崔譔本而來。世說新語文學篇注文云：

> 秀遊託數賢，蕭屑卒歲，都無注述，唯好莊子，聊應崔譔所注，以備遺忘云。（註七）

由此段注文所見，是向秀本莊子根據崔譔本莊子而來。所以儘管崔譔本莊子與向秀本莊子今已均不得見，經郭象「點定」之今本莊子，應有崔、向二家注本之痕迹存在。

二、莊子書之文體

史遷言「莊子著書十餘萬餘言，大抵率寓言也。」言莊子著書大抵出之以寓言，今證諸莊子書，洵然不爽。莊子寓言篇也說：「寓言十九，重言十七，卮言日出，和以天倪。」寓言者，據郭象注：「寄之他人之言。」（註八）重言者，據釋文云：「爲人所重者之言也。」（註九）卮言者，據成玄英疏：「夫卮滿則傾，卮空則仰，空滿任物，傾仰隨人，無心之言，即卮言也。」（註一〇）由此觀之，莊子思想之表達方式，並非嚴肅地說教，而是利用寓言、重言、卮言，或反面說之，或旁敲側擊，或輕描淡寫，然而旨微意深，寄託渺遠，是以其文「隨說隨掃，不予人可尋之迹」，亦如「蜻蜓點水，著而不著。」實是天地間之至文，亦是天地間之至理。莊子天下篇自說其文，頗爲精當妥切，其云：

以謬悠之說，荒唐之言，無端崖之辭，時恣縱而不儻，不以觭見之也，以天下爲沈濁，不可與莊語，以卮言爲曼衍，以重言爲眞，以寓言爲廣。獨與天地精神往來而不敖倪於萬物，不遺是非，以與世俗處。其書雖瓌瑋，而連犿無傷也。其辭雖參差，而諔詭可觀。」

由此段文字，證之史遷言其「善屬書離辭，指事類情。」誠知言也。所以要研讀莊子書，必先充分了解莊子書以「寓言」、「重言」、「卮言」之特殊表現方式，難怪張默生先生認爲此是研讀莊子書之鑰匙。（註一一）

莊子書除以「寓言」、「重言」、「卮言」爲其思想表現方式外，其篇章組織亦大致可綜理出頭緒來。以莊子書分內、外、雜篇，所以內篇與外、雜篇在篇名與組織上顯有差異。以篇名來說，莊子內七篇爲其宗旨，故取篇名以命意；外、雜篇除盜跖、漁父、讓王、說劍等四篇外，則概摘篇首之字爲目。（註一二）因此，莊子內七篇不但能見篇名以知意，同時七篇文章條理一貫，脈絡分明；（註一三）外、雜篇則非但不能據篇名以斷意，且記述踳駁而不續。

至於其文章組織，葉國慶先生認爲內七篇有論有喻，論僅占全文之一二，而論喻交錯連爲一義。且內篇篇次以義連貫，分開觀之，則篇自爲義；合而觀之，則上下銜接。至於外、雜篇之組織分三類：一、首尾成篇，如駢拇、馬蹄、胠篋、刻意、繕性諸篇。二、條記式而首尾一義連貫，如達生、山木、知北遊、讓王、盜跖諸篇。三、條記式而首尾非一義連貫，如在宥、天道、秋水、田子方、徐无鬼諸篇。（註一四）

另外張默生先生對莊子文體之研究，則打破內、外、雜篇之分際，總分莊子書之文體爲四等，茲敍述於下：

第一等作品，在形式上，約可分爲甲乙兩類：甲類是先總論，次分論，無結論的；乙類是先分論、次結論，無總論的；如逍遙遊、齊物論、養生主、人間世、德充符、大宗師、應帝王、秋水、至樂、達生諸篇便是。第二等作品，是只有分論，沒有總論和結論，在每篇中每段各自成篇，意義不甚相連屬，絕似雜記體裁，外篇、雜篇中的文章，很多是這一類的，如在宥、天地、天道、山木、田子方、知北遊、庚桑楚、徐無鬼、則陽、外物、列禦寇諸篇便是。第三等作品，沒有總論和分論，全篇一氣呵成，有近於後世的文體，產生的時期較晚，如駢拇、胠篋、馬蹄、刻意、繕性諸篇便是。

第四等作品，是摹仿前三類的作品的，文理頗膚淺，產生的時期就更晚了，如讓王、盜跖、說劍、漁父諸篇便是。至於寓言和天下兩篇，一是莊子書著書的凡例，一是莊子全書的後序，論其文體，當屬第一等。（註一五）

張氏之說，以總論、分論、結論三者略分莊子書之結構，並依文理品其層次，使吾人對莊子全書有概括性之瞭解，頗值得供研讀莊子書的參考。

【附註】

註一　見莊子集釋陸德明經典釋文序錄。

註二　見葉國慶莊子研究，頁四二。

註三　見莊子集釋經典釋文序錄。

註四　見世說新語校箋，頁一五七。

註五　參見燕京學報第二十八期，楊明照郭象莊子注是否竊自向秀檢討。

註六　參見黃錦鋐莊子及其文學「關於莊子向秀注與郭象注」，頁七八—一〇二。

註七　見世說新語校箋，頁一五八。

註八　莊子集釋郭象注，頁九四七。

註　九　莊子集釋釋文，頁九四七。

註一〇　莊子集釋成玄英疏，頁九四七。

註一一　見張默生莊子新釋，頁八。

註一二　參見郎擎霄莊子學案三三頁、葉國慶莊子研究，頁一四。

註一三　參見黃錦鋐莊子及其文學，頁一六。

註一四　參見葉國慶莊子研究，頁三二——三七。

註一五　見張默生莊子新釋，頁六。

第二章　莊子書之時代背景及其思想淵源

第一節　莊子之時代背景

一、政治、社會之時代背景

莊子約與孟子同時，今試從孟子書中所載，瞭解彼時之政治與社會狀態。孟子梁惠王上篇云：

王曰：何以利吾國？大夫曰：何以利吾家？士庶人曰：何以利吾身？上下交征利，而國危矣。萬乘之國，弑其君者，必千乘之家；千乘之國，弑其君者，必百乘之家。

又梁惠王上篇云：

庖有肥肉，廄有肥馬，民有飢色，野有餓莩。

又梁惠王上篇云：

彼奪其民時，使不得耕耨，以養其父母；父母凍餓，兄弟妻子離散。

又梁惠王上篇云：

今也，制民之產，仰不足以事父母，俯不足以畜妻子；樂歲終身苦，凶年不免於死亡，此惟救死而恐不贍，奚暇治禮義哉？

又離婁上篇云：

爭地以戰，殺人盈野，爭城以戰，殺人盈城。

就孟子所載見之，吾人可知，莊子所處的時代，就政治方面言之：治國者上下交征利，爲滿足一己之利，置百姓生活於不顧，以致「民有飢色，野有餓莩。」又爲了開疆拓土，戰爭連年，往往爲了爭地爭城，而「殺人盈野，殺人盈城。」在如此之政治陰影下，老百姓之生活，可謂生不如死。就社會現象言之：仰不足以事父母，俯不足以畜妻子；樂歲固然終身苦勞，凶年更不免於死亡。因此，社會到處是父母凍餓，兄弟妻子離散，可說是一片淒苦哀號，眞似人間地獄！

莊子身處如此民不聊生，慘絕人寰之社會裡，應是感受深切！尤其莊子之故居，原屬宋地，宋約在今河南省之東部地區，這裡正是戰國時代有名之「四戰之地」，（註一）東有魯、齊，北有晉，西有鄭，這些國家不是周室宗親，卽爲功臣外戚，唯有夾於其中的宋國，却是被周朝征服之殷遺民。亡國之痛所產生之苦澀情懷，這是十分悲慘的，再加上曾是戰亂的中心，更加重了飢餓、蹂躪、凌辱的悲慘生活。（註二）莊子處在這樣多災多難的時代環境裡，我們才能瞭解到莊子爲什麼如此徹底地對那個時代產生絕望，而十分渴求赫胥氏那種「含哺而煕，鼓腹而遊」的生活樂園。（註三）同時，我們可以瞭解了莊子爲什麼那樣強烈地要求超越！要求自由！而非常嚮往那「無何有之鄉，廣莫之野。」的一片逍遙世界。（註四）一個思想家絕對不能擺脫時代政治、社會環境之影響，莊子自亦不例外，他的視息畢竟始終緊緊扣著時代環境的大動脈。

二、學術環境之時代背景

推源戰國之際，上承春秋二百餘年之積弊，政治、社會環境雖是變亂紛乘，學術環境上却是思想解放，百家爭鳴，開啓了中國學術思想上的黃金時代。莊子天下篇云：

天下大亂，聖賢不明，道德不一，天下多得一察焉以自好。譬如耳目鼻口，皆有所明，不能相通。猶百家衆技也，皆有所長，時有所用。雖然，不該不徧，一曲之士也。判天地之美，析萬物之理，察古人之全，寡能備於天地之美，稱神明之容。

此「天下多得一察焉以自好」，便是道術分裂的開始，此際，一則是學術一統思想禁錮的解放，一則是時君需才孔急，是以有志之士莫不「判天地之美，析萬物之理。」上焉者冀求施展抱負，以周濟天下；下焉者希獲時君之青睞，以求功名利祿。所以，莊子之前有孔子、墨子，已各成儒墨之顯學，其他若孟子之倡仁義，商鞅、申不害之講法，承楊朱之學者有子華子、詹何，承墨說者有宋鈃、惠施、公孫龍。有齊稷下學士，有縱橫家，有無政府之許行和陳冲，可謂學說紛雜，各持己說。（註五）

莊子身處在這樣紛歧的學術環境裡，一方面固然極力掙脫名利韁索而嚴拒時君之邀聘。（註六）另一方面當然不會隨波逐流，而平靜地追尋自己安身立命之道。所以，他爲了消泯是非之爭，他反對儒墨之自是其是而非人之非；（註七）爲了消弭紛爭之起，他反對惠施、公孫龍之名辯；（註八）反對仁義之攖人仁，（註九）更反對人心之逐物而不反，與求知之危殆。（註一〇）所以，他主張歸璞返眞，尋求一片自然生機。對於當時的一股一股的思想潮流之衝擊，一面檢視深思，一面積極尋覓潔淨的清流，希望自淨！也希望淨人！

【附　註】

註　一　參見韋政通先秦七大哲學家，頁九二。

註　二　參見同前，頁九三。

註　三　見莊子馬蹄篇。

註　四　見莊子逍遙遊篇。

註五　參見葉國慶莊子研究，頁六〇。

註六　參見前章第二節莊周略傳。

註七　案齊物論云：「道惡乎隱而有眞僞？言惡乎隱而有是非？道惡乎往而不存？言惡乎存而不可？道隱於小成，言隱於榮華。故有儒墨之是非，以是其所非而非其所是。」

註八　案齊物論云：「未成乎心而有是非，是今日適越而昔至也。」又云：「以指喻指之非指，不若以非指喻指之非指也；以馬喻馬之非馬，不若以非馬喻馬之非馬也。」又德充符篇云：「今子（惠施）外乎子之神，勞乎子之精。倚樹而吟，據槁梧而瞑，天選子之形，子以堅白鳴。」

註九　案齊物論云：「仁義之端，是非之塗，樊然殽亂，吾惡能知其辯。」

註一〇　案大宗師篇云：「夫得者時也，失者順也。安時而處順，哀樂不能入也。此古之所謂縣解，而不能自解者，物有結之。」又齊物論云：「與物相刃相靡，其行盡如馳而莫之能止，不亦悲乎。」又德充符篇云：「故聖人有所遊，而知爲孽……聖人不謀，惡用知。」又養生主篇云：「吾生也有涯，而知也無涯。以有涯隨無涯，殆已。」

第二節 莊子之思想淵源

莊子之思想精微玄妙，固是莊子之天才縱逸，然而其思想之形成，除了受時代環境之激發外，亦應淵源有自。就如長江大河，即使是水流浩蕩無涯，亦必有其活水源頭。莊子天下篇云：

芴漠無形，變化無常。死與生與，天地並與，神明往與！芒乎何之，忽乎何適，萬物畢羅，莫足以歸，古之道術有在於是者，莊周聞其風而說之。

這段文字說明有這樣一個學派，莊子「聞其風而說之」，但是，「古之道術有在於是者」，這句話含義畢竟太籠統，究竟係指何許人物？無法獲得明確答案，或許是道家早期人物所形成之一派學風，而莊子既是「聞其風而說之」，顯然莊子與這派學風淵源甚深。又史記老莊申韓列傳云：

其學無所不窺，然其要本歸於老子之言。

史記這段文字，除了點明莊子之學承出自老子之外，更明指莊子博學廣聞。也就是說莊子除學自老子外，對當時所能知曉之學說，應是「無所不窺」。以學術思想之「相互激盪發明」言之，流行於當時之思想學說，不能不說對莊子亦有深遠的影響。所以總歸以上之論，莊子之思想可能來自三方面的影響：一爲道家早期人物之學風，二爲老子，三爲流行於當時之諸子學說。因此，今試從此三方面來探索莊子思想之淵源。

一、道家早期人物

中庸云：「仲尼祖述堯、舜，憲章文、武。」是儒家思想遠源於堯、舜，發皇於文、武，其思想軌迹有脈絡可尋。至於道家人物大多高蹈隱行，其事蹟雖晦而不顯，證諸典籍，亦略可尋其端倪。史記伯夷列傳云：

堯讓天下於許由，許由不受，恥之逃隱。及夏之時，有卞隨、務光者。

許由、卞隨、務光三子之說，莊子讓王篇亦有記載。（註一）莊子之書，雖多重言、寓言，然史遷云：「余登箕山，其上蓋有許由冢云。」（註二）許由之說應確有其事。因此，許由、卞隨、務光三子之高蹈隱行，或許是道家早期的代表人物。許行等三子之後，又有伯夷、叔齊之淸風高節，義不食周粟而隱於首陽山，采薇而食之。（註三）至若論語所記載之晨門、荷蕢者、楚狂接輿、長沮、桀溺、荷蓧丈人等之隱於市井田野，（註四）亦莫不是遁世之賢者。此類修潔自隱之人物，或許均是道家早期人物之佼佼者，其言行事蹟雖僅是片鱗鴻爪，然其同爲憤世嫉俗之思想，及遁世自隱之觀念，則是一脈相承，而予莊子深刻之影響。

二、老子

老子書之成書年代儘管有些問題，但如第一章所述，約略前於孔子，應有老聃其人之存在。今則試先從莊子書中論證莊子與老聃之關係。

莊子內七篇中，提到老聃其人者有三處：

養生主篇云：「老聃死，秦失弔之，三號而出。弟子曰：『非夫子之友邪？』曰：『然』。『然則弔者若此可乎？』曰：『然，始也吾以爲其人也，而今非也。向吾入而弔焉，有老者哭之，如哭其子；少者哭之，如哭其母。彼其所以會之，必有不蘄言而言，不蘄哭而哭者。是遯天倍情，忘其所受，古者謂之遁天之形。」

德充符篇云：「無趾語老聃曰：『孔丘之於人，其未邪？彼何賓賓以學子爲？彼且蘄以諔詭幻怪之名聞，不知至人之以是爲己桎梏邪？』老聃曰：『胡不直使彼以死生爲一條，以可不可爲一貫者，解其桎梏，其可乎？』」

應帝王篇云：「老聃曰：『明王之治，功蓋天下，而似不自己，化貸萬物，而民弗恃。有莫舉名，使物自喜，立乎不測而遊於無有者也。』」

此三處記載中：養生主篇記老聃之死，秦失弔之；德充符篇記「死生如一」之觀念，應帝王篇記「化貸萬物」、「使物自喜」。莊子書中重言十七，其所稱引歷史人物之言行，雖不必眞，然與其人之眞言行，必爲一類。（註五）且莊子內七篇如第一章所述，乃係莊子所自著，則內七篇所載之老聃，可證明莊子之前，必有老聃其人，否則莊子何能利用老聃之名，而出之以重言？再者，莊子外雜篇裡，亦有一些篇章出自老子學派所著。（註六）所以，就莊子一書言之，莊子與老子應是有很深的淵源。

然而，近人以老子一書可能後出於莊子，進而疑老莊學承之先後關係，則莊子內七篇之證明莊子之前確有老聃其人，未嘗不可作爲史遷言莊子「其要本歸於老子之言」之佐證。事實上歷代從史遷之說者多矣，若陸德明莊子釋文序曰：「時人皆尙遊說，彼獨高尙其事，悠遊自得，依老子之旨，著書十餘萬言。」又王元貞莊子翼序曰：「莊子數萬言，無非明老子虛無道德之自然。」焦竑莊子翼自序曰：「老子門人之書，傳於世者，獨莊子耳。」（註七）依此諸家之說，均贊同史遷所言莊子「其要本歸於老子之言」。當然以莊老兩書視之，其思想又未盡相同，此乃思想發展之自然現象，無足怪也。所以近人林尹先生云：「然其（莊子）要旨，則原於老子，而更精密明晰。」（註八）莊子思想雖原於老子，然而「更精密明晰」，正表示了莊子思想之獨創性與進步性。所以張默生先生也說：

莊子把握了眞理的全體，他洞悉了大化的運行；並且他認識了宇宙間的一切事物，都在川流不息的變動著，他不像老子著者那樣思古，那樣的開倒車。他雖是承受老子的

哲學而加以發揮，但他對於老子可說是青出於藍的。（註九）

由此可見，莊子思想固有承襲老子思想之處，然而莊子能加以發揮而有青出於藍之處。至於莊老之異同，林尹先生評之云：

老子、莊子同爲憤世嫉俗之思想，其不滿當時社會現象，及出世之論，與儒家完全不同。然老子猶思以歷史之故實，矯當時之積弊，以虛下後己之教，弭爭競賊害之風，談論政治，尙近人格。莊子則進而超脫一切現象，趨於理想之途，故終流於清談也。（註一〇）

此言莊子之過分尙虛而不適於治道，也正是莊子特異於老子之處。所以，論老莊之同，足以說明兩者間之淵源關係；述兩者之異，一方面表示兩者之時代環境與個人學養不同，同時說明一個思想家如果沒有其獨創性，只是拾人牙慧，因襲窠臼，則亦無足論矣！因此，莊子思想雖原本於老子，但畢竟莊子是莊子，自有其獨特之風貌。

三、諸子學說

史遷於老莊申韓列傳中言莊子「其學無所不窺」，莊子之學既是無所不窺，那麼莊子對於流行當時之諸子學說自是通曉甚詳。基於學說思想之相互激盪發明，莊子對諸子學說自有一番取舍。因此，諸子學說中究竟有那些思想與莊子有關係，玆試爲探究之：

1 楊朱

孟子滕文公篇云：「楊朱、墨翟之言盈天下，天下之言，不歸楊，則歸墨。」孟子之時，楊朱學說流行之盛，可見一斑。可惜楊朱其書不傳，其學說只能從其他典籍尋繹之。

孟子滕文公篇云：「楊氏爲我，是無君也。」又孟子盡心篇云：「楊子取爲我，拔一毛而利天下不爲也。」從孟子書裡這兩處記載，可知楊朱是一個極端個人主義者，所以朱熹評其「但知愛身，而不復知有致身之義。」（註一一）另列子楊朱篇也記載其說：

古之人損一毫利天下不與也，悉天下奉一身不取也。人人不損一毫，人人不利天下，天下治矣。

既不願損一毫利天下，亦無貪取天下之心，胡適說他一面「存我」，一面又賤「侵物」。（註一二）所以，在楊朱的眼裡，一個人的「生命」是寶貴，而生命的主體，即是「我」之存在。楊朱一方面不損己一毫以「存我」，另一方面也不希望貪取侵物，以引起爭鬥之心，因此，他又提出「全性保眞」之道。淮南子氾論訓云：

全性保眞，不以物累形，楊子之所立也。

「全性保眞」，乃在保全個體生命裡之自我，其方法則不沈緬於「物」欲，而損害到「自我」之生命。以楊朱「全性保眞」之道，較之莊子庚桑楚篇之「全汝形，抱汝生，勿使汝思慮營營。」或有相近之處。楊朱爲「全性保眞」，而「不以物累形」；莊子則爲「全形抱生」，而勿使「思慮營營」，兩者間之近似，或應有些關聯吧！

又莊子盜跖篇裡盜跖評孔子云：「子之道，狂狂汲汲，詐巧虛僞事也，非可以全眞也。」此處之「全眞」，亦應與「全性保眞」相近。所以莊子的學說裡，對楊朱「全性保眞」是能融入而加以肯定。但是就極端之個人主義之說，莊子則未必贊同。莊子主張與物同化，萬物乃是齊等的，萬物是我，我卽是萬物，並不突出個人之自我生命。所以，楊朱之學說，莊子也非全盤接受，或許該是經由莊子大智大慧之篩選而加以融取之。

2宋鈃、尹文

宋鈃，孟子告子篇作「宋牼」，莊子逍遙遊篇，韓非子顯學篇作「宋榮子」。宋鈃並無著述傳世，其事蹟思想略見於諸子書中；尹文，漢志名家有尹文子一篇，其事蹟學說見於呂氏春秋、說苑等書。宋鈃，孟子告子篇曾言與孟子相遇於石丘。（註一三）尹文，漢志名家尹文子下云：「說齊宣王，先公孫龍。」又顏師古注曰：「劉向云與宋鈃遊稷下。」（註一四）可見宋鈃、尹文同是齊國稷下學者，其時代與孟子、莊子同時而略早。

荀子非十二子篇以宋鈃、墨翟爲一派，莊子天下篇則合宋鈃、尹文爲一學派。荀子非十二子篇之所以將宋鈃、墨翟歸爲一派，可能是宋鈃主張「禁攻寢兵」，與墨子「非攻」相近的緣故。至於莊子天下篇云「以禁攻寢兵爲外，以情欲寡淺爲內。」近人馮友蘭以爲宋鈃、尹文實合楊、墨爲一。（註一五）今據莊子及諸書所載，歸納宋鈃、尹文之學說如下：

1 接萬物以別宥爲始。（莊子天下篇）

2 見侮不辱，救民之鬥。（莊子天下篇）

見侮之不辱，使人不鬥。（荀子正論篇）

設不鬥爭，取不隨仇，不羞囹圄，見侮不辱。（韓非子顯學篇）

深見侮而不鬥。（呂氏春秋先識覽第四正名篇）

定乎內外之分，辯乎榮辱之境。（莊子逍遙遊篇）

3 禁攻寢兵，救世之戰。（莊子天下篇）

說秦楚之罷兵。（孟子告子篇）

4 以情欲寡淺爲內。（莊子天下篇）

人之情欲寡，而皆以己之情欲爲多，是過也。（荀子正論篇）

宋子蔽於欲而不知得。（荀子解蔽篇）

以上歸列四點之說，大致不脫莊子天下篇論列宋鈃、尹文學說之範圍，諸子書中亦有片斷記載，足見宋鈃、尹文學說確流行於當時。上列四點中，除「禁攻寢兵」、「救民之鬥」

等之非攻思想，顯然是墨家一派之學說外，其他諸說或與莊子思想亦有相似處：
「接萬物以別宥爲始」，別宥，卽去蔽，不爲主觀成見所蔽。（註一六）人之應接萬物，容易爲主觀成見所蔽，所以莊子齊物論云：「道隱於小成，言隱於榮華。」又云：「名實未虧而喜怒爲用。」榮華、小成、喜怒爲用，都是認淸眞象，探求眞理之心障，唯有淸除這些心障，才得以撥雲霧而見青天。又莊子秋水篇云：「井鼃不可以語於海者，拘於虛也；夏蟲不可以語於冰者，篤於時也；曲士不可以語於道者，束於教也。」此「拘於虛」、「篤於時」、「束於教」，亦是有所「蔽」，既是有所「蔽」，對於探求眞理之眞象，就難免「橫看成嶺側成峯」。因此，唯有去「蔽」，才能凌之絕頂，而「一覽衆山小」。

「以情欲寡淺爲內」，人之情欲再多，其享之則有限。所以「人我之養，畢足而止。」假如徵逐情欲而不知返，卽是「過」也。莊子亦主人之欲，不過「自足而已」，莊子逍遙遊云：「鷦鷯巢於深林，不過一枝；偃鼠飲河，不過滿腹。」，儘管是深林大河，情欲之取用，但求性之「自足」罷了。人人不貪份外之求，則人人卽能「自足」而無缺，所以莊子天地篇卽云：「無欲而天下足。」宋鈃、尹文之「寡欲」，與莊子之「無欲」，二者非逆天拂性，乃爲順理復性，二者學說實有相近處。（註一七）

3 彭蒙、田駢、愼到

莊子天下篇於宋鈃、尹文之後，則列彭蒙、田駢、愼到爲一學派。彭蒙，依莊子天下篇所云，乃田駢之師也。田駢、愼到，依史記孟子荀卿列傳云：「愼到、趙人，田駢、接子、齊人。……皆學黃老道德之術，因發明序其指意，故愼到著十二論，……而田駢、接子皆有所論焉。」漢志則有田子二十五篇，列道家，愼子四十二篇，列法家。荀子解蔽篇謂愼到「蔽於法而不知賢」，則愼到有「尚法」之說。韓非子難勢篇亦引有愼子言「勢」之文。今則依馮友蘭先生就莊子天下篇所列彭蒙等三子之學說，歸之爲下列五點：（註一八）

1「齊萬物以爲首」

2「公而不黨，易而無私，決然無主。」

3「棄知去己，而緣不得已。」

4「無用聖賢」

5「塊不失道」

以上五點，「齊萬物以爲首」爲彭蒙等三子學說第一要義，而此說正與莊子齊物論近似。萬物之貴賤大小，自「大道」觀之，可謂同等齊一；但在差別之自相上，則物各有個性，無有齊一者，「萬物皆有所可，有所不可。」卽是此理。（註一九）因此，爲齊一萬物，應自「大道」觀萬物，而不應加以區別，卽所謂「大道能包之而不能辯之。」莊子秋水篇亦云：

「以道觀之，物無貴賤。」又齊物論云：「天地與我並生，萬物與我爲一。」莊子之齊物論，不但要以「道」觀萬物，而且要同化萬物。莊子與彭蒙等三子間，要齊等萬物是一樣的，但莊子之同化萬物，似乎是較進一層。

萬物既是平等齊一，而無貴賤高下之分，自然是不黨無私而因其自然，任其自爾而已，卽所謂「公而不黨，易而無私，決然無主。」是也。既是齊一平等，因任自然，人之自處，既不必有「知」去區別萬物，亦不必有「己」而自別於萬物，因此，則必「棄知去己」，而「緣不得已」。莊子大宗師篇云：「浸假而化予之左臂以爲雞，予因以求時夜；浸假而化予之右臂以爲彈，予因以求鴞炙；浸假而化予之尻以爲輪，以神爲馬，予因而乘之，豈更駕哉？」此段所述，亦是無知無我，隨緣隨化，因任自然而已。

萬物齊等，無貴賤大小之分，自亦無需甄別賢聖，亦無用賢聖。莊子天地篇亦云：「至德之世，不尙賢，不使能，上如標枝，民如野鹿。」尙賢使能，乃任知有爲，區別賢愚，自與齊等萬物，任化無爲不合。

以上諸說，均可證明與莊子齊物論之旨頗多相近之處。至於「塊不失道」，馮友蘭先生以爲「塊者」，眞正無知之物；莊子之知，並非眞正無知，而只是「忘知」耳。因此天下篇評愼到「非生人之行，而至死人之理，適得怪焉。」卽說其眞正無知之不當。所以馮氏以爲

老莊之學，蓋卽彭蒙等三子學說之又進一步者。（註二〇）

4惠施、公孫龍

莊子天下篇最後論及惠施、公孫龍、桓團等辯者之徒。事實上自莊子一書觀之，惠施與莊子間的關係最密切，而公孫龍之白馬指物之說，莊子亦嘗論及之。足見莊子與風行於當時之辯者，亦卽漢時所稱之名家，關係非比尋常。

惠施，宋人，相於魏，互惠、襄二王。（註二一）與莊子爲友，曾與莊子辯「大而無用」，（註二二）亦曾與莊子辯於濠梁之上。（註二三）莊子妻死，惠施前往弔之。（註二四）惠施死，莊子曾過惠施之墓而憑弔之。（註二五）惠施之學說，今尚可考者，略見於天下篇所說之歷物十事。

公孫龍，趙人，祖述辯經，以正別名顯於世，初適平原君趙勝家，又適燕，說燕昭王以偃兵，又與趙惠王論偃兵，故公孫龍亦主偃兵之說。鄒衍過趙時，曾與之論白馬之辯。公孫龍又與魏公子牟相善，公子牟不以其說爲尤，其說乃大行焉。（註二六）其年輩與莊子、惠施同時而略晚。（註二七）其學說今存公孫龍子六篇。

惠施不但與莊子最友善，其學說及思辨方法也最密切。近人郎擎霄云：「惠子陳數十事，與莊書相發明者甚多。」（註二八）馮友蘭亦云：「莊子之學說似受惠施之影響極大。」（

註二九）今試觀莊子齊物論：「方生方死，方死方生。」與惠施十事中之「日方中方睨，物方生方死」之說同。又「天下莫大於秋毫之末，而泰山爲小。」與惠施「天與地卑，山與澤平。」之說同。又「天地與我並生，而萬物與我爲一。」與惠施「泛愛萬物，天地一體也。」之說相同。（註三〇）呂氏春秋謂惠施「去尊」，（註三一）卽有泯貴賤大小之傾向，或許對莊子之齊物論有所啓發。只可惜惠施只是一個辯者，其說止於言辯，莊子則能融萬物於一體，或許是兩者間之不同處，也是莊子思想比惠施深沈精奧處。

至於惠施、公孫龍之論理思辨方法，日人鈴木修次認爲對莊子闡明其博大精深的思想，具有莫大助益。尤其莊子以巧妙譬喻之寓言，以發微其學說，更是名家論辯理論之高妙運用。（註三二）例如齊物論云：

天下莫大於秋毫之末，而泰山爲小；莫壽乎殤子，而彭祖爲夭。天地與我並生，而萬物與我爲一。

無限大的視野的擴現，那麼相對社會裡之大小、長短的區別，都是毫無意義。這與歷物十事裡時間、空間的分割都非實有，（註三三）不是異曲同工之妙麼？又天道篇云：

昔者子呼我牛也而謂之牛，呼我馬也而謂之馬。苟有其實，人與之名而弗受，再受其殃。

這段話正是論理學的命題運用。又則陽篇云：

合異以爲同，散同以爲異。今指馬之百體而不得馬，而馬係於前者，立其百體而謂之馬。

此種論理結構，也正是名家的論辯方法。名家之論辯方法，雖是屬文離詞，苟能充之以內涵，以之應用於哲學、文學上，却能達到意想不到之絕妙境界。如齊物論云：

以指喻指之非指，不若以非指喻指之非指也；以馬喻馬之非馬，不若以非馬喻馬之非馬也。天地一指也，萬物一馬也。

公孫龍倡白馬、指物論，企圖以物之共相、自相離析天下萬物。（註三四）莊子此處借喻其說，不但指陳公孫龍辯者之非，還借此闡微萬物一體之學說。這種四兩撥千斤的論理技巧，不正是借名家之「矛」以攻名家之「盾」麼？所以名家的論辯方法，對哲學理論之建立，應是有莫大的助益。可惜惠施、公孫龍二人但知勝人之口，苛察繳繞，以致逐萬物而不反，淪之於小道，甚可嘆矣？

【附　註】

註　一　案莊子讓王篇：務光作瞀光。

註　二　見史記伯夷列傳。
註　三　見史記伯夷列傳。
註　四　參見論語憲問篇與微子篇。
註　五　參見馮友蘭中國哲學史，頁二四二。
註　六　參見第一章第一節莊子書之作者。
註　七　見莊子集釋陸德明經典釋文序及焦竑莊子翼序。
註　八　見林尹中國學術思想大綱，頁九一。
註　九　見張默生莊子新釋，頁三九。
註一〇　同註八。
註一一　見朱熹四書集註孟子滕文公篇，頁九一。
註一二　見胡適中國古代哲學史，頁三五。
註一三　事見孟子告子篇。
註一四　見漢書藝文志名家尹文子班固自注及顏師古注。
註一五　見馮友蘭中國哲學史，頁一八八。
註一六　參見黃錦鋐莊子讀本，頁三七六。

註一七　參見郎擎霄莊子學案，頁二九五。
註一八　見馮友蘭中國哲學史，頁一九五。
註一九　見郎擎霄莊子學案，頁二八五。
註二〇　以上之說參見馮友蘭中國哲學史，頁一九七—一九九。
註二一　見顧實莊子天下篇講疏附考六家諸子擬年表，頁一三六。
註二二　參見莊子逍遙遊篇。
註二三　參見莊子秋水篇。
註二四　參見莊子至樂篇。
註二五　參見莊子徐無鬼篇。
註二六　以上之說參見郎擎霄莊子學案，頁三〇九—三一一。
註二七　參見顧實莊子天下篇講疏附考六家諸子擬年表，頁一三九。
註二八　見郎擎霄莊子學案，頁三〇〇。
註二九　見馮友蘭中國哲學史，頁二四五。
註三〇　見同前。
註三一　見呂氏春秋愛類篇卷二十一。

註三二　參見鈴木修次莊子，頁一四六。

註三三　參見胡適中國古代哲學史。

註三四　參見馮友蘭中國古代哲學史，頁二五八——二六一。

第三章　莊子的思想概要

第一節　莊子之本體論

道家之主要人物老子與莊子都推崇「道」，不但認爲「道」是實存的，並且認爲「道」是天地萬物的根源。老子以道爲天地之始，萬物之奧，生於萬有之先，故其言「道」之本體曰：

有物混成，先天地生，寂兮寥兮，獨立而不改，周行而不殆，可以爲天下母，吾不知其名，字之曰道。（二十五章）

然「道」非惟無名，亦且無聲無息，其云：

視之不見名曰夷，聽之不聞名曰希，搏之不得名曰微，此三者不可致詰，故混而爲一。（十四章）

即老子之道超越視覺，超越聽覺，超越觸覺，乃唯一無二之存在，因此老子又以「一」呼之。

其云：

一生二，二生三，三生萬物。（四十九章）

昔之得一者，天得一以清，地得一以寧，神得一以靈，谷得一以盈，萬物得一以生，侯王得一，以為天下貞。（三十九章）

故「一」者亦道之代名，道「一」者，亦可名之曰「大」。其云：「強為之名曰大。」（二十五章）故道者，乃萬物之本體。自「數」觀之，唯一存在也；自「量」觀之，無限之實在也。因之，道雖不可見，不可聞，不可搏，然其周流萬物，無所不在，無所不存。自「無」觀之，道也；自「有」觀之，萬物也。故又云：

天下萬物生於有，有生於無。（四十章）

由此觀之，芸芸萬物，乃由「無」生「有」，由「有」生「萬物」。「無」者即道也，故道乃宇宙萬物之總原始。莊子之學，其要本歸於老子，然亦有其體會發明者，故莊子之論道，自有其旨趣在，茲試述於下：

一、道之本體

莊子論道之本體，可從大宗師一段話見其概況，其云：

夫道，有情有信，無為無形；可傳而不可受，可得而不可見；自本自根，未有天地，自古以固存；神鬼神帝，生天生地；在太極之先而不爲高，在六極之下而不爲深，先天地生而不爲久，長於上古而不爲老。

從大宗師這段話裡說明了道之幾種特性：第一、道體雖是「無爲無形」，卻是「有情有信」。也即說明了道體之實存性，此與老子所云：「恍兮惚兮，其中有物；窈兮冥兮，其中有精。」（二十一章）實有相通之處。第二、道體雖不可受、不可見，然卻可傳、可得，亦即能以「寄言詮理，方寸獨悟」（註一），此與老子之不見不聞而能得「一」，亦有異曲同工之妙（註二）。第三、道乃恆久自存；故成玄英註此云：「從古以來，未有天地，五氣未兆，大道存焉。故老經云：『有物混成，先天地生』；又云『迎之不見其首，隨之不見其後者也。』」第四、「道」能「神鬼神帝，生天生地。」故知「道」乃天地萬物之根源，此與老子所云：「道生一，一生二，二生三，三生萬物。」其理亦相通。第五、道乃超越時空而無所不在，故能「在太極之先而不爲高，在六極之下而不爲深，先天地生而不爲久，長於上古而不爲老。」綜上所述，道爲宇宙之本體，固毫無疑義矣！

道不但衍生萬物，爲宇宙之本體，並且冥同萬流，參與宇宙萬物之流轉變化。莊子知北遊云：

物物者與物無際，而物有際者，所謂物際者也；不際之際，際之不際者也。謂盈虛衰殺，彼爲盈虛非盈虛，彼爲衰殺非衰殺，彼爲本末非本末，彼爲積散非積散也。

浩浩宇宙間，萬彙森然，雖有界限，然其實亦渾沌爲一，故惟能與道化者，方能冥合萬境，與物無彼我之際畔。（註三）人世間之富貴、貧賤、老病、生死，（註四）常因特殊之境遇而興滅，而且還內附於萬物，莊子知北遊另一段話說明得很透徹：

東郭子問道於莊子曰：「所謂道，惡乎在？」莊子曰：「無所不在。」東郭子曰：「期而後可。」莊子曰：「在螻蟻。」曰：「何其下邪？」曰：「在稊稗。」曰：「何其愈下邪？」曰：「在瓦甓。」曰：「何其愈甚邪？」曰：「在屎溺。」東郭子不應，莊子曰：「夫子之問也，固不及質。正獲之問於監市履豨也，每下愈況。汝唯莫必，無乎逃物。」

道既爲萬物之母，凡人必以爲道卓爾清高，孰知莊子答以卑及屎溺，故由此可知「道」不簡穢賤而內附萬物。

二、道之衍化

莊子既以無爲無形、恒久固存之「道」爲宇宙之本體，亦即爲萬物之本源，至於其衍化歷程若何？莊子天地篇有一段話說得最明確，其云：

泰初有無，無有無名，一之所起，有一而未形。物得以生，謂之德；未形者有分，且然無間，謂之命；留動而生物，物成生理，謂之形；形體保神，各有儀則，謂之性。所謂「泰初」，林雲銘莊子因注之云：「造化之始初。」，「無」即老子玄之又玄之義，亦即至虛之謂。（註五）老子云：「天下萬物生於有，有生於無。」與此「無」字亦相當。蓋泰初始原，尚未衍生萬物，自不能稱「有」，故「無」實亦最原始之「道」，因之以下又稱「無有無名」，依成玄英疏云：「太初之時，惟有此無，未有於有，有既未有，名將安寄？故無有無名。」（註六）泰初之時，既是無物，案之名實，自亦無名可寄，故此時之道，全然無形無名。「一之所起」的「一」，就是形容「道」在創作活動中向下落實一層的未分狀態，這個未分狀態的「一」，相當於老子的「有」。由此「一」再行分化，且然無間，謂之命。「留動而生物，物成生理，謂之形。」依成玄英疏云：「留，靜也，陽動陰靜，氤氳升降，分布三才，生化萬物，物得成就，生理具足，是謂之形也。」（註七）此以天氣陰陽二氣，自然化生萬物，而各有儀則，謂之性。總觀此段宇宙創生歷程，較之老子四十二章「道生一，一生二，二生三，三生萬物。萬物負陰而抱陽，沖氣以爲和。」二者均述宇宙衍化過程，可謂先後發明印證。

三、氣之聚散

莊子言宇宙之衍化，乃由「無」生「有」。至於萬物之生，則言聚氣以成，莊子知北遊云：

人之生，氣之聚也。聚則爲生，散則爲死。若死生爲徒，吾又何患！故萬物一也，是其所美者爲神奇，其所惡者爲臭腐；臭腐復化爲神奇，神奇復化爲臭腐，故曰通天下一氣耳。

此雖但言人之死生，由氣之聚散，然末句言「通天下一氣耳」，故萬物賦形有異，全在氣之聚散變化耳。莊子至樂篇言莊子妻死，莊子鼓盆而歌，惠子非之，莊子辯曰：

察其始而本無生，非徒無生也而本無形，非徒無形也而本無氣。雜乎芒芴之間，變而有氣，氣變而有形，形變而有生，今又變而之死，是相與爲春秋冬夏四時行也。

此節述說由氣成形，足以佐證知北遊篇所述之「氣之聚散」說，惟此二段均未說明「氣」指何物？今試觀莊子田子方篇：

至陰肅肅，至陽赫赫；肅肅出乎天，赫赫發乎地；兩者交通成和而物生焉，或爲之紀而莫見其形。消息滿虛，一晦一明，日改月化，日有所爲，而莫見其功。生有所乎萌，死有所乎歸，始終相反乎無端而莫知乎其所窮。非是也，且孰爲之宗！

案則陽篇云：「天地者，形之大者也！陰陽者，氣之大者也。」可知「氣」分指陰陽二氣，肅肅之氣出乎天，赫赫之氣出乎地，陰陽互爲其根，二者交通成和而物生焉。故知北遊篇所言「氣之聚」，即指陰陽二氣交通成和，則萬物生焉，至乎陰陽失調，則氣之散，萬物凋謝矣！

四、道之運行法則——自然

泰初所始，由無而生；物之死生，因氣之聚散。此中亦必有一運行法則，此法則何？先試觀老子所云：「人法地，地法天，天法道，道法自然。」（二十五章）此言人、地、天、道、自然等五者層層相法，蘊含軌範，非必謂五者之遞演相生也，由此可知「自然」乃其運行之最高法則。莊子與老子有諸多相互發明者，故莊子齊物論亦云：

> 日夜相代乎前，而莫知其所萌，已乎！已乎！旦暮得此，其所由以生乎？非彼無我，非我無所取，是亦近矣！而不知其所爲使。若有眞宰，而特不得其眹。

郭象注此曰：「萬物萬情，趣會不同，若有眞宰使之然也。起索眞宰之眹迹，而亦終不得，則明物皆自然，無使物然也。」（註八）由郭注所言「明物皆自然，無使物然也。」分明謂宇宙變化均爲自然而然，不期而然者也。秋水篇亦有一段話論之甚精：

> 物之生也，若聚若馳，無動而不變，無時而不移，何爲乎？何不爲乎？夫固將自化。

儘管宇宙萬物「無動而不變，無時而不移。」然均本之於「自化」，由此「自化」觀宇宙萬物存亡變化之迹，斯得其旨矣！

【附　註】

註一　見莊子集釋成玄英疏，頁二四七。
註二　參見老子十四章與三十九章。
註三　參見莊子集釋成玄英疏，頁七五三。
註四　案，依成玄英疏云：「富貴爲盈，貧賤爲虛，老病衰殺，生來爲積，死去爲散。」見莊子集釋，頁七五四。
註五　見郎擎霄莊子學案，頁四三。
註六　見莊子集釋成玄英疏，頁四二五。
註七　見同前。
註八　見莊子集釋郭象注，頁五六。

第二節　莊子之認識論

一、相對存在

莊子對宇宙現象之認識，主要是基於宇宙現象之相對存在。對宇宙現象的相對存在之認識，並非始自莊子，我國自古即有陰陽、男女、有無、動靜等之相對觀念。在易經、老子裡也明顯地推衍這宇宙現象的相對理論，只不過莊子思想裡特別顯得格外突出而已。易素以卦爻爲主，卦爻始於奇偶之畫，陽爻奇，陰爻偶，因奇偶之畫參互交錯，以象陰陽、剛柔、往來、上下之變化。（註一）因之，易之陰陽互爲消息，即可看出宇宙相對現象之端倪。老子書裡亦申述宇宙現象之相對原理，老子云：

故有無相生，難易相成，長短相較，高下相傾，音聲相和，前後相隨。（二章）

嚴靈峰先生注此說：「此言宇宙間相生相對之理，皆由相互依倚與比較而成。」並加以申述說：「朝菌比之惠蛄，則惠蛄爲壽，朝菌爲夭；惠蛄比之殤子，則殤子爲壽，惠蛄爲夭；殤子比之彭祖，則彭祖爲壽，殤子爲夭；彭祖比之大椿，則大椿爲壽，彭祖爲夭。天下莫大於秋毫之末，而大山爲夭；莫壽乎殤子，而彭祖爲夭。稽諸萬有，莫不如是。」（註二）嚴靈峰先生注此章由老引莊，固是莊子書裡之具體事例足以明老子之旨趣，蓋亦莊子於此現象申論特多之故也。所以與其說莊子學說離不開相對認識，勿寧說從相對認識才能充份明瞭莊子思想之所在。

從莊子眼裡所看到的現象存在，既是相對存在，人生活在社會裡，自然亦只有相對之價値存在。因此，設若執著於一己之絕對立場，便容易衍生無限之「是非」來。「是非」之存在，亦本爲相對之存在，所以若不能再進一步超越相對之存在，還是有「是非」在。若「是非」滋生，紛爭隨之而起。故能泯是非，破我執，方能超越現象社會而達於自由自在之逍遙境界。所以，相對存在是莊子對宇宙現象之基本認識，莊子欲進一步齊萬物而臻逍遙，才是其哲學之精奧所在。

二、宇宙之逍遙

莊子第一篇逍遙遊即以大小之對比，陳述超逸相對的世界，遨遊於廣大無垠之自由穹蒼。一個智者能夠脫卻相對之世界，毫無拘束之無限大的世界才能拓展開來。所以，這個無限大、超相對的世界，才是人類最可貴的自由生活，也就是最自適自在之逍遙，莊子在逍遙遊裡用最巧妙之寓言設喻云：

北冥有魚，其名爲鯤。鯤之大，不知其幾千里也。化而爲鳥，其名爲鵬。鵬之背，不知其幾千里也，怒而飛，其翼若垂天之雲。是鳥也，海運則將徙於南冥。南冥者，天池也。齊諧者，志怪者也。諧之言曰：鵬之徙於南冥也，水擊三千里，摶扶搖而上者九萬里，去以六月息者也。

成玄英注此云：

所以化魚爲鳥，自北徂南者，鳥是凌虛之物，南即啓明之方；魚乃滯溺之蟲，北蓋幽冥之地；欲表向明背暗，捨滯求進，故舉南北鳥魚以示有道之逕耳。（註三）

人常常以自己之經驗世界爲藩離，故所見者小，所識者淺，難免以蠡測海而難窺大局。故必登高望遠，以拓展胸懷，方不致拘拘於小墟，狹隘難舒。因之，成玄英注之「化魚爲鳥」，即欲逍遙自在，非得先超越平素之狹小世界，方能眼光遠大，拓落瀟灑。這一層道理，莊子逍遙遊又進一步陳述云：

天之蒼蒼，其正色邪？其遠而無所至極邪？其視下也，亦若是則已矣！且夫水之積也不厚，則負大舟也無力。覆杯水於坳堂之上，則芥爲之舟，置杯焉則膠，水淺而舟大也。風之積也不厚，則其負大翼也無力。故九萬里，則風斯在下矣，而後乃今培風；背負青天而莫之夭閼者，而後乃今將圖南。

鵬既展翅高飛，觀天之蒼蒼，竟未知便是天之正色？天之爲遠而無極？（註四）足見人之所處者異，則識見無形中豁然貫通而不自知也。然而鵬所以展翅高飛，所恃者何？蓋恃其所處者也。所以郭象注云：「夫質小者所資不待大，則質大者所用不得小矣。故理有至分，物有定極，各足稱事，其濟一也。」人之質必賴其所資而后能充分發揮，譬若見雖明而處坳底之下，則無能見千里之物也。因之，鵬舉擊兩翅，若無深廣水域，何由動蕩三千，蹌蹌而行？若無浩瀚穹蒼，何能繚戾婉轉，鼓怒長飛？至若蜩與學鳩之槍榆枋而飛，郭象雖注之「足於其性」（註五）自亦不過安於小墟，何若鵬之遠舉高飛而顯得海濶天空呢？

鵬之展翅而遨飛於無限穹蒼，是否即爲莊子最高境界之逍遙？若依逍遙遊下文所述「知效一官，行比一鄉，德合一君，而徵一國者。」猶如斥鴳之翺翔蓬蒿之間而已矣！宋榮子雖能「定乎內外之分，辯乎榮辱之境。」但畢竟也「其於世未數數然」「猶未有樹也」。至於列子能「御風而行，泠然善也。」然亦「猶有所恃者也。」那麼怎麼樣才可以眞正達到逍遙的境界呢？莊子以爲必須「乘天地之正，御六氣之辯。」才能遊於無窮而無所待。（註六）就逍遙遊之文理看，由鯤化爲鵬，以迄斥鴳之自足，無疑乃大小之辯。然若鯤不能化爲鵬，雖大亦不過自潛於北冥耳，何能凌虛騰飛而遨遊於蒼茫太虛乎？故鯤之「化」，即爲超越世俗而昇華，也就是能充分自由逍遙之要件。至於「知效一官」以迄「乘天地之正，御六氣之辯。」或許是莊子落實於人之進修逍遙所陳述之四個層次吧！因之，儘管有人認爲鵬猶有所「恃」，而不得稱爲逍遙，但總不能忽略莊子所提示的「化」之功夫，與鵬因「化」而能凌虛高飛所展現蒼茫雄渾的氣象啊！

三、大小之分

莊子既以爲欲達人間之自由逍遙，必欲超越世俗相對現象之藩離，也就是說超越相對之世界，而臻於絕對之境界。要超越相對之世界，並不是脫離了生活的現象世界，而是一面生存於相對的世界裡，一面脫卻了相對世界之限制，那才是眞正的超越了相對的世界。爲了脫卻相對世界之限制，就要將相對存在的萬物泯滅其區別相，也就是萬物齊等。人與萬物齊等，則萬物者，一物也。極微的世界，就是恆大的世界；無限小的連續，就是無限大。這無限大，也就是悠悠浩遠的天地宇宙，也就是「道」。關於這層道理，莊子在齊物論裡詳申了這個主旨。莊子齊物論云：

天下莫大於秋毫之末，而大山爲小；莫壽乎殤子，而彭祖爲夭。天地與我並生，而萬物與我爲一。

郭象注云：

夫以形相對，則大山大於秋毫也。若各據其性分，物冥其極，則形大未爲有餘，形小不爲不足。苟各足其性，則秋毫不獨小其小，而大山不獨大其大矣。（註七）

成玄英疏云：

夫物之生也，形氣不同，有小有大，有夭有壽。若以性分言之，無不自足。是故以性足爲大，天下莫大於毫末，無餘爲小，天下莫小於大山。……小大既爾，夭壽亦然。是以兩儀雖大，各足之性乃均；萬物雖多，自得之義唯一。（註八）

郭注與成疏均以「性足」詮釋之，蓋因萬物稟之於天，各有其性分，苟於性分之內求之，則物無不大；苟於性分之外求之，則物莫不小。人之一「我」存於世，乃爲一極小之存在，其之所以能與極大之天地並生，衆藪之萬物爲一，乃在於無數「性足」之個體「我」，連續累積成爲一個萬象並呈其「性足」之極大世界。因之，從「性足」之觀點言之，極小之個體與極大之世界，並無軒輊之分。所以，一般人從常識上來判斷，自有大小之區別，其實若從廣大之宇宙空間來考量，只不過同樣輝麗自足地並存於宇宙天地間。人，也是宇宙萬物之中萬分之一的存在，所以莊子秋水篇裡借河伯與北海若對答云：

號物之數謂之萬，人處一焉。

人處在浩瀚宇宙之中，若從一般常識之大小區別來看，亦不過毫末耳。然事實上「觀點」不同，自有不同之「眞相」，所以秋水篇又進一步說：

以道觀之，物無貴賤；以物觀之，自貴而相賤；以俗觀之，貴賤不在己。以差觀之，因其所大而大之，則萬物莫不大；因其所小而小之，則萬物莫不小；知天地之爲稊米也，知毫末之爲丘山也，則差數覩矣！

郭象注云：

所大者，足也；所小者，無餘也。故因其性足以名大，則毫末丘山不得異其名；因其無餘以稱小，則天地稊米無所殊其稱。若夫觀差而不由斯道，則差數相加，幾微相傾，不可勝察也。

成玄英疏云：

道者，通乎人我者也；物者，心有所據以衡人者也；俗者，徇俗爲貴賤者也；差者，萬物之等差也。

人之有貴賤等差觀念，總綰其因，輒肇於不以「道」觀之也。世俗或心有所據，或徇名，或依等差，輒繁然殽亂，天下紛然多故矣！因此，苟以「道」觀之，通乎人我，以自足爲大，則天地與稊米，毫末與山丘泯然無別。所以，若從世俗之常識來觀察宇宙萬物，則大小等差橫梗於心，便事事扞格難舒。故必也超越世俗之常識觀點，以「道」觀省自照，方能齊一萬物，暢通人我，則能逍遙自由矣！

四、物化之工夫

莊子以爲與物同化的工夫，首先在忘去「自我」，消卻「我執」，也即「喪我」「忘我」之謂，莊子以虛構人物南郭子綦闡明其旨（註九），莊子齊物論云：

南郭子綦隱机而坐，仰天而噓，荅焉似喪其耦。顏成子游立侍乎前，曰：「何居乎？形固可使如槁木，而心固可使如死灰乎？今之隱机者，非昔之隱机者也。」子綦曰：

「偃，不亦善乎，而問之也！今者吾喪我，女知之乎？……」。

南郭子綦憑机坐忘，荅焉若喪其耦，子游不解，以爲如槁木死灰，子綦告以此即「喪我」。案：高亨解「荅焉似喪其耦」云：「耦者，本亦作偶，……偶者，桐木所制人，亦名俑。……偶者僅有軀體，而無神智，故莊子謂軀體爲偶，似喪其偶，猶云似忘其身，似忘其形也。」（註一〇）成玄英注此亦云：「妙悟自然，離形去智，荅焉墜體，身心俱遺，物我兼忘，故若喪其匹耦也。」（註一一）由此觀之，南郭子綦形如槁木之際，心亦能一片澄明如靜，消釋「我執」、「我欲」，以臻於「無」，故似死灰然。此「喪我」之工夫，必先能洞徹萬有現象而化泯物我，也即前文所謂超越相對現象之存在，而后方能臻於絕對融一之境界。因之，南郭子綦特又示子游以「天籟」。蓋凡人但沈迷於殺然塵俗世界，汲汲營於名利，目眩神散，猶以爲智，焉知悟徹天機之一片空明乎？故知物化之工夫，務必去名利之聒耳煩心，而后能臻於物我皆忘，與天地合一之契機。因此，物化之境界，雖看似「形如槁木，心如死灰。」其實卻是天機活潑，逍遙自適，莊子特以「莊周夢蝶」喻之，齊物論記載此段云：

昔者莊周夢胡蝶，栩栩然胡蝶也，自喻適志與！不知周也。俄然覺，則蘧蘧然周也。不知周之夢爲胡蝶與，胡蝶之夢爲周與？周與胡蝶，則必有分矣。此之謂物化。

物化，即指物象之變化。本體之道，絕對唯一，永恆不變；現象之物，則其形變化不定。

萬物同稟一氣而成形，氣聚氣散，謂之生死。然形雖變，而氣則一。故自其本根來看，萬物只有變化，而無生化。莊周與胡蝶，自其形象觀之，則必有分有化；而自其本體觀之，則一而不化。（註一二）因此，莊周可以爲胡蝶，胡蝶可以爲莊周。莊周化胡蝶，即隱喻人需能破除外在現象之有形藩離，方能與外物相互會通交感，而入於物我融合之空靈境界，如此，則無拘無束，逍遙自適矣！

五、道樞

凡人既常以對待之經驗觀察這個世界，因此「彼」「是」之觀念常存於心。莊子之契友惠施尤從論理學之觀點析物辯名，物物之區別相對待更爲突出顯明。對此，莊子於齊物論即云：

彼出於是，是亦因彼，彼是方生之說。

「彼」「是」並生，「是」「非」、「可」「不可」、「生」「死」之對立永遠難以消除。物類越是細分，相對之對立越是嚴明。因此，莊子對析物辯名之惠子即批評說：「散於萬物而不厭……逐萬物而不反。」（天下篇）然而，莊子對細分化之對立，或相對社會之區別相，到底持著什麼態度呢？莊子提出「道樞」以應之。莊子齊物論云：

彼是莫得其偶，謂之道樞。

「道樞」之「樞」，本義作「戶樞」，即司門戶闢閉之門臼，乃挖木以承門軸者。（註一三）門之有樞，門扉方能自由闢閉。從「樞」來看，它同時迎拒「闢」「閉」。因此，門之有樞，則能肆應「闢」「閉」。同理，從「道樞」來看，同時容納「彼」「是」、「是」「非」。在「道樞」裡，沒有「彼」「是」、「是」「非」之相對的價值評斷；在「道樞」的臼穴裡，有無窮的「是」，也有無窮的「非」。「彼」「是」不區不分，「是」「非」不迎不拒，渾通為「一」。

因此，莊子無「彼」「是」、泯「是」「非」之觀念，若從名家之論理命題來看，實難以理喻，齊物論裡有一段話，無疑是針對名家而論，其云：

以指喻指之非指，不若以非指喻指之非指也；以馬喻馬之非馬，不若以非馬喻馬之非馬也。天地一指也，萬物一馬也。

公孫龍之「白馬非馬論」，馬即包含白馬、黑馬、黃馬……等各種顏色之馬，但白馬不是黑馬，也不是黃馬；黑馬、黃馬則都可稱作馬。（註一四）這是特別以某種區別來加以區分。物物若是如此，則相對之個別相便展現無垠。因此，莊子論之以「以指喻指之非指，不若以非指喻指之非指也。」，即欲以反覆相喻，均於相非，同於自是，則天下無是無非矣！（註一五）名家之設辭離說，區辨名物，則萬象紛然殽亂，徒逞一生之心力智慧亦不得其功，故天下雖大，自可以一指以蔽之，萬物雖多，自可以一馬以理盡。莊子之觀察入微，語簡理賅，由此可見一斑矣！

若能泯滅物物相對之區別相，則萬物無不相同，天地之極大與極小亦爲一體。所以，「萬物一馬也」之命題，既可成立，那麼自可推理爲「萬物我也」，齊物論中其旨云：

天地與我並生，萬物與我爲一。

若從「道樞」之無「彼」「是」看，人能超越所有之區別的世界，相對的世界，對立的世界，那麼萬物與自己就同一，也即臻於物化之逍遙境界了。

【附註】

註一　參見胡自逢周易鄭氏學，頁一五二。
註二　見嚴靈峰老子達解，頁一一。
註三　見莊子集釋成玄英疏，頁四。
註四　見莊子集釋郭象注，頁六。
註五　見莊子集釋郭象注，頁九。
註六　參見黃錦鋐中國歷代思想家——莊子，頁三二。

註　七　見莊子集釋郭象注，頁八一。
註　八　見莊子集釋成玄英疏，頁八二。
註　九　案蔣錫昌云：「名本假設，隨與隨寫，本無一定。」參見黃錦鋐莊子讀本，頁四三所引注。
註一〇　見高亨莊子今箋，頁一一二。
註一一　見莊子集釋成玄英疏，頁四三。
註一二　參見顏昆陽莊子的寓言世界，頁二二一四。
註一三　見說文解字，頁二五八。
註一四　參見公孫龍子集解卷二白馬論。
註一五　見莊子集釋郭象注，頁六九。

第三節　莊子之人生論

一、養生之道

世人莫不企求長生，長生之道，則貴在養生；養生之道，輒養之厚而害生。外則沈於慾壑而不知拔，內則逐於名利而不知返。莊子有見於此，故提供一套養生之道。首先於達生篇中提出養形之方，莊子達生篇云：

養形必先之物，物有餘而形不養者有之矣；有生必先無離形，形不離而生亡者有之矣。生之來不能卻，其去不能止。悲夫！世之人以爲養形足以存生，而養形果不足以存生，則世奚足爲哉？雖不足爲，而不可不爲者，其爲不免矣。夫欲免爲形者，莫如棄世，棄世則無累、無累則正平，正平則與彼更生，更生則幾矣。事奚足棄？而生奚足遺？棄事則形不勞，遺生則精不虧。夫形全精復，與天地爲一。天地者，萬物之父母也，合則成體，散則成始，形精不虧，是謂能移，精而又精，反以相天。

人之有生必有形，所以欲其生必先養其形，養形必先之以「物」。物者，成玄英疏云：「謂貨資衣食，旦夕所需。」（註一）人每日衣食之所需，但求足爾，雖多奚益，所以成玄英疏云：「故凡鄙之徒，積聚有餘，而養衞不足者，世有之矣。」（註二）人之生死去來，委之造化，妙達斯旨，方得其長生，而世俗之人，貪多資貨，厚養其身，妄謂足以存生，深可悲嘆！因此，爲免厚養其身而爲形累，莊子提醒世人第一著是棄世。宣穎言「棄世」之妙作三層，其云：「洗出無累、正平與彼更生是一層。恐未明無累、正平與彼更生之故，又推出形不勞、精不虧與天爲一是一層。恐未明形全、精復與天爲一之故，又推出形精不虧，是謂能移是一層。」（註三）因此，養形雖必先之以「物」，而究竟唯「物」不足以養形，必也遺之又遺，精之又精，反本還元，雖是遺形，適足以養形。

所以莊子所說之養形，亦即著重於與天合德，順應自然，遺棄物欲。另莊子刻意篇提出養神之道，其云：

> 若夫不刻意而高，無仁義而修，無功名而治，無江海而閒，不道引而壽，無不忘也，無不有也，澹然無極，而衆美從之，此天地之道，聖人之德也。故曰：夫恬惔寂漠，虛無無爲，此天地之平，而道德之質也。故曰：聖人休休焉，則平易矣。平易則恬惔矣；平易恬惔，則憂患不能入，邪氣不能襲，故其德全而神不虧。故曰：聖人之生也，天行；其死也，物化。靜而與陰同德，動而與陽同波，不爲福先，不爲禍始，感而後應，迫而後動，不得已而後起，去知與故，循之天理。故無天災，無物累，無人非，無鬼責。其生若浮，其死若休。不思慮，不豫謀。光矣而不耀，信矣而不期。其寢不夢，其覺無憂，其神純粹，其魂不罷。虛無恬惔，乃合天德。故曰：悲樂者，德之邪；喜怒者，道之過；好惡者，德之失。故心不憂樂，德之至也；一而不變，靜之至也；無所於忤，虛之至也；不與物交，惔之至也；無所於逆，粹之至也。故曰：形勞而不

休則弊，精用而不已則勞，勞則竭。水之性，不雜則清，莫動則平，鬱閉而不流，亦不能清，天德之象也。故曰：純粹而不雜，靜一而不變，惔而無爲，動而以天行，此養神之道也。

此段言養神之道，首先點出聖人之德，亦即「恬惔寂寞，虛無無爲。」八個字，底下各節雖亦言及養神之各種境界，但總不外乎由此八個字加以衍申。所以宣穎說：「八個字是聖人一生功用，此節一提，下四節都寫此八個字。」（註四）因此，養形、養神同爲養生之道，一主去外欲，一主致虛靜，均宜參契造化，妙含自然，所以莊子養生主篇裡之一段寓言，無疑是養生之總綱，其云：

庖丁爲文惠君解牛，手之所觸，肩之所倚，足之所履，膝之所踦，砉然嚮然，奏刀騞然，莫不中音，合於桑林之舞，乃中經首之會。文惠君曰：「譆！善哉！技蓋至此乎？」庖丁釋刀對曰：「臣之所好者道也，進乎技矣。始臣之解牛之時，所見無非牛者。三年之後，未嘗見全牛也。方今之時，臣以神遇而不以目視，官知止而神欲行。依乎天理，批大郤，導大窾，因其固然。技經肯綮之未嘗，而況大軱乎！良庖歲更刀，割也；族庖月更刀，折也。今臣之刀十九年矣，所解數千牛矣，而刀刃若新發於硎。彼節者有閒，而刀刃者無厚；以無厚入有閒，恢恢乎其於遊刃必有餘地矣，是以十九年而刀刃若新發於硎。雖然，每至於族，吾見其難爲，怵然爲戒，視爲止，行爲遲。動刀甚微，謋然已解，如土委地。提刀而立，爲之四顧，爲之躊躇滿志，善刀而藏之。」文惠君曰：「善哉！吾聞庖丁之言，得養生焉。」

此段寓言，林紓評其寫得窮形盡相，（註五）不但將庖丁解牛之狀，描繪得生氣活現，而且寄含養生之至理。人之初生，懵然無知，及其有知，則知生之可貴而莫不祈求長生。然而如何長生？則莫不養之厚而傷生，亦如庖丁解牛然，初操刀而骨節盤錯，雖用力深而滯碍難行。其實，人之生，旣順乎自然，人之養生，亦不外合乎天理。其理淺，其道亦易行。只是人惑於耳目之嗜欲，眩於表相之紛然，未能妙體眞空，明照精微，亦如解牛之以目視而不以神遇，自然罣碍難通。因此，萬象雖紛，莫不依乎自然，人事雖繁，莫不順乎天理。苟得其理，則以無厚入有閒，恢恢乎游刃有餘矣！難怪文惠君聞庖丁之言，不盡言「得養生焉。」

二、生死觀

畏死欣生，避禍趨福，乃人之常情。但莊子對此問題，一切因乎自然，泰然順應，而無非是養生要訣。尤其對死之恐懼疑慮，莊子更能超然處之。今試從莊子書裏之幾處記載，管窺其生死觀：

養生主篇云：

老聃死，秦失弔之，三號而出。弟子曰：「非夫子之友邪？」曰：「然」。「然則弔焉若此，可乎？」曰：「然。始也吾以爲其人也，而今非也。向吾入而弔焉，有老者哭之，如哭其子；少者哭之，如哭其母。彼其所以會之，必有不蘄言而言，不蘄哭而哭者。是遁天倍情，忘其所受，古者謂之遁天之刑。適來，夫子時也；適去，夫子順也。安時而處順，哀樂不能入也，古者謂是帝之縣解。

此段莊子借秦失弔老聃之死而表達其生死觀，「適來，夫子時也；適去，夫子順也。」生死去來，乃應時順理，所以宣穎說：「養生者惟恐至於死，不知生不因吾樂之而來，死亦不因吾哀之而不去，是生死吾無所與之也。」（註六）生死既非人之所能與之，所以莊子認爲人面對生死，最好的態度便是「安時而處順。」安生順死，冥然如一，則外其生而生存，忘其死而有不死，如此「哀樂不能入」，便不爲生死所係而懸解矣。

又莊子大宗師篇云：

子祀、子輿、子犂、子來四人相與語曰：「孰能以無爲首，以生爲脊，以死爲尻，孰知生死存亡之一體者，吾與之友矣。」四人相視而笑，莫逆於心，遂相與爲友。

成玄英疏云：

夫人起自虛無，無則在先，故以無爲首；從無生有，生則居次，故以生爲脊；既生而

死，死最居後，故以死爲尻，亦故然也。尻首雖別，本是一身；而死生乃異，源乎一體。（註七）

生死之次雖有先後，然本是一身，源自乎「無」，莊子之喻，可謂妙透！另大宗師篇還記載子桑戶死，友人孟子反、子琴張在其遺體前鼓琴而歌，莊子假孔子之言語其爲遊於方外者，並論之云：

彼方且與造物者爲人，而遊乎天地之一氣。彼以生爲附贅縣疣，以死爲決疣潰癰，夫若然者，又惡知死生先後之所在！

以生爲贅，以死爲解，故無死生先後之序，莊子又進一步化解生死藩離。茲再摘錄數則莊子外篇記載，以更深一層瞭解其生死觀之旨趣所在：

天地篇云：「萬物一府，死生同狀。」

刻意篇云：「聖人之生也天行，其死也物化。」

知北遊篇云：「人生天地之間，若白駒之過郤，忽然而已。……已化而生，又化而死。」

由上述之摘述，可知莊子視生死如日夜之相迭，乃是自然界之循環變化。莊子之淡化生死，並不是漠視生死，而是超生死，使人能在白駒過隙之有限生命裏，逍遙自得，充分享受生命的愉悅！

三、處世工夫

(1)心齋與坐忘

人如何養生？莊子以爲應乎天理之自然。那麼人生活於繁雜的社會中，又該如何修養以自處呢？莊子提出「虛心」與「無用之用」二大藥方。如何虛心？就是心齋的工夫。

在莊子的人間世篇裡，莊子設喻孔子與顏回對話之寓言，說明心齋的工夫，其云：

若一志，無聽之以耳而聽之以心，無聽之以心而聽之以氣。聽止於耳，心止於符。氣也者，虛而待物者也。唯道集虛。虛者、心齋也。

人之有是非成心者，蓋因人耳聽聲以辨之，心思物以析之，終身役使聰明耳目，紛紛擾擾，至死無所寧矣。因此，心齋之初步功夫，即應「無聽之以耳」進而「無聽之以心」。惟雖去耳以心，尙防心之有知覺，故不如任無情慮之氣。因之，心齋工夫猶需進一步「聽之以氣」。蓋氣虛而待物，無所牽引，故是非成心去而忘懷，忘懷始能應物，斯得心齋之道矣！心齋工夫之進一步發展，莊子又提出「坐忘」工夫。莊子大宗師篇裡，莊子亦借孔子與顏回之對話，申說坐忘的工夫，其云：

顏回曰：「回益矣。」仲尼曰：「何謂也？」曰：「回忘仁義矣。」曰：「可矣。猶未也。」它日，復見，曰：「回益矣。」曰：「何謂也？」曰：「回忘禮樂矣。」曰：

「可矣。猶未也。」它日，復見，曰：「回益矣。」曰：「何謂也？」曰：「回坐忘矣。」仲尼蹴然曰：「何謂坐忘？」顏回曰：「墮枝體，黜聰明，離形去知，同於大通，此謂坐忘。」仲尼曰：「同則無好也，化則無常也。而果其賢乎！丘也請從而後也。」

這段話假顏回之言，先忘仁義，後忘禮樂，最後達於「坐忘」之境界。「忘仁義」是去「是非心」，「忘禮樂」則全然不拘束矣。（註八）忘仁義禮樂，只是忘其迹，而未忘其所以迹，所以郭象注「坐忘」說：「內不覺其一身，外不識有天地，然後曠然與變化爲體而無不通也。」（註九）能「坐忘」，則無私心，亦無滯理，如此，冥於變化，同於大通矣！

(2)無用之用

莊子另一處世之道，他提出「無用之用」。在是非不明，權力角逐的塵世裡，「無用之用」無疑是保全天壽的一條途徑。關於「無用之用」，老子也曾提出略似的看法，其云：

有之以爲利，無之以爲用。（十一章）

老子之「無之以爲用」，特舉車、器、戶牖爲例，當其「無」，「無」即「中空」，方能有所用。（註一〇）至於莊子之「無用之用」，則略異其旨。莊子外物篇云：

惠子謂莊子曰：「子言無用。」莊子曰：「知無用而始可與言用矣。天地非不廣且大也，人之所用容足耳，然則廁足而墊之致黃泉，人尚有用乎？」惠子曰：「無用。」莊子曰：「然則無用之用亦明矣。」

六合之內，雖廣且大，人之所用，不過容足，然若使足之外，掘至黃泉，人則戰慄不得行動，所以成玄英說：「是知有用之物，假無用成功。」（註一一）世人但知「有用之用」而不知「無用之用」，故其用有時而窮。人存之於世，輒知徵逐名利是用，不知名利之傷生折壽，是「有用」而「無用」矣。所以，惟去名利之「無用」，方能全生保壽，亦達於「有用」，莊子人間世篇特舉櫟社樹爲喻，其云：

匠石之齊，至乎曲轅，見櫟社樹。其大蔽牛，絜之百圍，其高臨山十仞而後有枝，其可以爲舟者旁十數。觀者如市，匠伯不顧，遂行不輟。弟子厭觀之，走及匠石，曰：「自吾執斧斤以隨夫子，未嘗見材如此其美也。先生不肯視，行不輟！何邪？」曰：「已矣！勿言之矣！散木也，以爲舟則沈，以爲官槨則速腐，以爲器則速毀，以爲門戶則液樠，以爲柱則蠹。是不材之木也，無所可用，故能若是之壽。」匠石歸，櫟社見夢曰：「女將惡乎比予哉？若將比予於文木邪？夫柤梨橘柚、果蓏之屬，實熟則剝，剝則辱，大枝折，小枝泄。此以其能苦其生者也，故不終其天年而中道夭，自掊擊於世俗者也。物莫不若是。且予求無所可用久矣，幾死，乃今得之，爲予大用。使予也而有用，且得有此大也邪？且也若與予也皆物也，奈何哉其相物也？而幾死之散人，又烏知散木！」

匠石覺而診其夢。

櫟社樹所以不致夭於斧斤，乃因其無用，而得以用享其全壽。至若文木果蓏，因其有用，致遭斧斤摘折之禍，而不得用享其天年。吾鄉先賢輩林獻堂先生，在日人嚴酷統治下，結合志士吟詩集會，而命之曰：櫟社。林先賢爲免遭日人殘害，假吟風弄月而保存民族精神之命脈，其「無用之用」之用心，誠深得莊子之深意。今「櫟社」石碑仍矗立在林家花園中，猶是浩氣長存，令人永懷！

莊子之「無用之用」，除了因其「無用」，而享天年，而成其「大用」外，猶能進一步樂享逍遙。世人用物，往往細分其用，那麼越極小的是非區別愈明顯，相對的差別也越大。惟其「無用之用」，以「無心」徘徊廣漠之野，方能泯除對待而臻乎逍遙。莊子逍遙篇云：

惠子謂莊子曰：「吾有大樹，人謂之樗。其大本擁腫而不中繩墨，其小枝卷曲而不中規矩，立之塗，匠者不顧。今子之言，大而無用，衆所同去也。」莊子曰：「子獨不見狸狌乎？卑身而伏，以候敖者，東西跳梁，不辟高下，中於機辟，死於罔罟。今夫斄牛，其大若垂天之雲，此能爲大矣，而不能執鼠。今子有大樹，患其無用，何不樹之於無何有之鄉，廣莫之野，彷徨乎無爲其側，逍遙乎寢臥其下。不夭斤斧，物無害

霧峯林家花園櫟社碑

者，無所可用，安所困苦哉！」

惠子是當時之名家，格於名相，逐於物用，所以宣穎說：「巧便逐物者，自納於陷罟之區。」（註一二）一旦納於陷罟，局於大小，其用必窮，窮斯困矣。所以惟有超乎流俗，越乎名相，不為小大之用所困，方能遊於無何有之鄉，逍遙乎廣莫之野。如此，展現於眼前的，便是一片廣大無垠的空間！一片絕對逍遙自適的境界！

四、眞人、至人、神人

在莊子一書裏，能具超越相對存在的智慧的人，亦即能體悟「道」的人，往往就稱為「眞人」、「至人」、「神人」，有時候也稱為「聖人」。這些人物的稱謂用語，雖沒有固定的界義，但總是莊子世界裏的理想人物。

「眞人」一詞，莊子大宗師篇裡說明得很詳細，其云：

且有眞人，而後有眞知。

「眞人」方能體會「眞知」，那麼「眞人」到底是怎麼樣的人物？

大宗師篇云：

不逆寡，不雄成，不謩士。若然者，過而弗悔，當而不自得也。若然者，登高不慄，入水不濡，入火不熱。

這裡稱眞人「入水不濡，入火不熱」的特性，達生篇也說：「至人潛行不窒，蹈火不熱。」達生篇所說的「至人」與大宗師篇所說的「眞人」，可說具有同一特性。眞人、至人果眞不懼水火？事實不盡然，所以成玄英說：

眞人達生死之不二，體安危之爲一，故能入火入水，曾不介懷，登高履危，豈復驚懼？眞知之士，有此功能，昇至玄道，故得如是者也。（註一三）

由成玄英所云，可知所謂眞人，乃是能齊一生死，而能體「道」者，非眞謂不避水火者也。所以，莊子天下篇裡對「眞人」之類人物特性，作簡要的記述，其云：

不離於宗，謂之天人；不離於精，謂之神人；不離於眞，謂之至人；以天爲宗，以德爲本，以道爲門，兆於變化，謂之聖人。

這裡所提的「天人」、「神人」、「至人」、「聖人」，名稱雖異，其實都是冥冥契本，能體自然之化者。所以郭象說：「凡此四名，一人耳，所自言之異。」（註一四）天下篇裡雖不提「眞人」，但刻意篇說：「能體純素，謂之眞人。」此處所述「眞人」特性，也與天下篇所述無異。可見眞人、天人、至人、神人、聖人等人物，名異而實同，都是莊子書裡能體道的理想人物。爲進一步瞭解這些理想人物的特性，再試看大宗師篇裡對「眞人」的描述，其云：

古之眞人，其寢不夢，其覺無憂，其食不甘，其息深深，眞人之息以踵，衆人之息以喉。

眞人無意想，無得喪，無嗜欲，無浮擾，養息深微而周布全身，（註一五）所以王夫之說：「眞人與衆人，一間而已。無浮明，斯無氣燥，隨息以退藏而眞知內充，徹體皆天矣。」（註一六）眞人之與衆人異者，其在天機嗜欲耳。

眞人既無嗜欲得喪，一任天機，故其對生死亦不存好惡，大宗師篇云：

古之眞人，不知說生，不知惡死；其出不訢，其入不距；翛然而往，翛然而來而已矣。」

氣聚氣散，純任自然，故能不以生死悅惡存懷。茲再摘錄莊子書這類人物的記載，以見其特性所在。

逍遙篇云：「至人無己，神人無功，聖人無名。」

應帝王篇云：「至人用心若鏡，不將不迎，應而不藏，故能勝物而不傷。」

田子方篇云：「得至美而遊乎至樂，謂之至人。」

徐無鬼篇云：「古之眞人，得之也生，失之也死；得之也死，失之也生。」

綜觀以上所列，可知「至人」此類人物，乃能無迹無名，任天自化，超生死，得至樂，無疑是莊子置身塵世間所追求的理想人物。

【附註】

註一　見莊子集釋，頁六三一。
註二　見莊子集釋，頁六三一。
註三　見宣穎莊子南華經解，頁一四三。
註四　見宣穎莊子南華經解，頁一二五。
註五　見林紓莊子淺說，頁一〇一。
註六　見宣穎莊子南華經解，頁三九。
註七　見莊子集釋成玄英疏，頁二五八。
註八　見宣穎莊子南華經解，頁七三。
註九　見莊子集釋郭象注，但二八五。
註一〇　參見高亨老子正詁，頁二六。
註一一　見莊子集釋成玄英疏，頁九一六。
註一二　見宣穎莊子南華經解，頁一六。
註一三　見莊子集釋成玄英疏，頁二二七。
註一四　見莊子集釋郭象注，頁一〇六六。

註一五　參見宣穎莊子南華經解，頁六一。
註一六　見王夫之莊子解，頁五八。

第四節　莊子之政治論

一、齊同思想之政治觀

史記太史公云：「夫陰陽、儒、墨、名、法、道德，此務爲治者也。」（註一）可見諸子各有其政治哲學。莊子書中，針對政治而論者不多，專論政治的只有應帝王一篇，其餘只有從莊子思想體系來推論了。齊物論無疑是莊子思想的核心，在萬物齊同的理論中，泯高下，去尊卑，除了統合宇宙齊物秩序的眞宰外，萬物都是齊同的。那麼在人類社會裏，人人是否可能都是齊等的？君與民是建立在怎樣之基礎上？爲君者又該扮演怎樣之角色？茲分數端探索之：

1.人生之大戒

易云：「君子造端乎夫婦。」人類除了繁衍子孫，以延續生命外，猶需建立一套人倫秩序，以維持人與人間之和諧。人由夫婦關係之開始締合，內而有父子關係之產生，外而有君臣關係之建立，進而拓展兄弟、朋友之關係。儒家之思想，即據此而建立一套完整之人倫關係。至於莊子，在齊同之思想下，只提出了父子與君臣二種關係，莊子人間世篇云：

天下有大戒二：其一，命也；其二，義也。子之愛親，命也，不可解於心；臣之事君，義也，無適而非君也，無所逃於天地之間，是之謂大戒。

命者，受之於天；義者，人所當盡。（註二）亦即人生之於世，即有其所當盡者，於內事親，於外事君，無所逃於天地間。所以，莊子於君子之存在，有命運之肯定，亦有當盡之義務。

2.古今人君之比較

君之存在，既爲莊子所肯定，那麼莊子眼裡之人君是如何？莊子則陽篇云：

古之君人者，以得爲在民，以失爲在己；以正爲在民，以枉爲在己；故一形有失其形者，退而自責。今則不然，匿爲物而愚不識，大爲難而罪不敢，重爲任而罰不勝，遠其塗而誅不至。民知力竭，則以僞繼之，日出多僞，士民安取不僞！夫力不足則僞，知不足則欺，財不足則盜，盜竊之行，於誰責而可乎？

古之君求諸己，所以有功歸諸民，有過責諸己；當時之君則不然，設難佈陷，民有不逮，則罰之！罪之！誅之！以致逼民取僞爲盜。所以莊子眼裡之理想人君，是「無爲自化，有功不居」之人君。因此莊子應帝王篇亦云：

> 齧缺問於王倪，四問而四不知。齧缺因躍而大喜，行以告蒲衣子。蒲衣子曰：「而乃今知之乎？有虞氏不及泰氏。有虞氏，其猶藏仁以要人，亦得人矣，而未始出於非人。泰氏，其臥徐徐，其覺于于；一以己爲馬，一以己爲牛；其知情信，其德甚眞，而非始入於非人。」

這段話可以進一步說明君之待民，乃建立在以「道」爲基礎的齊同思想上。就莊子思想言之，能超越相對知，才是眞知。王倪四問四不知，是徹底的放棄判斷，判斷是相對知的層面，所以放棄判斷，就是超越相對知的眞知。所以，就治國之道言，王倪之四問四不知，就是泯是非之忘知而任化自然。因此，有虞氏不及泰氏，其原因乃在於泰氏能忘知而任化自然，有虞氏則藏仁而要人。前者能超越相對知而無爲，後者則拘限於仁的相對知而有爲。能超越相對知，才能泯除君民間之對立，亦才能臻於渾同自然，毫無物累之境界（註三）；反之，若拘限於相對知，則不能超越人我的區別，以自己之意識加諸人民之意識上，如此施政，自然陷於「繫於物而非能超越於物外」（註四）之泥淖矣！

3.反對法度

莊子之治國之方，既主忘知而任化自然，對於人爲制定之法度，自然在反對之列，莊子應帝王篇云：

> 肩吾見狂接輿。狂接輿曰：「日中始何以語女？」肩吾曰：「告我君人者，以己出經式義度，人孰敢不聽而化諸！」狂接輿曰：「是欺德也，其於治天下也，猶涉海鑿河而使蚉負山也。夫聖人之治也，治外乎？正而後行，確乎能其事者而已矣。且鳥高飛以避矰弋之害，鼷鼠深穴乎神丘之下以避熏鑿之患，而曾二蟲之無知！」

制定法度以治民，約始於春秋時代。左傳文公六年云：「是以上之宣子，於是乎始爲國政，制事典，正法罪，辟刑獄。」又左傳昭公六年云：「鄭人鑄刑書。」至於戰國時代，則已有成文法之制度，唐律疏義云：「魏文侯師李悝，集諸國刑典，作法經六篇：一盜法，二賊法，三囚法，四捕法，五雜法，六具法。」（註五）莊子處在戰國時代，自然反對人君制定法度以治民，其原因何在？蓋「君人者，以己出經式義度。」「經式義度」即法度，（註六）法度既出自人君所制定，也即是人君的主觀作爲。莊子思想一切以「自然」爲依歸，反對所有人爲之措施，當然也反對人君所自制的法度。

因此，莊子治民之道，乃在「正而後行」，這與儒家之人治與德治似是相通，其實仍有根本之差異。莊子之「正而後行」，乃「順其正性而後行化。」（註七）就「順其正性」言，萬物仍是齊等的，儒家則依「禮法」而有尊卑之分。例孟子離婁上云：

上無道揆也，下無法守也；朝不信道，工不信度；君子犯義，小人犯刑。國之所存者，幸也。

此處所言，明顯有上下、君子小人之尊卑，也就是有階級之差別在。又荀子富國篇云：

由士以上，則必以禮樂節之；衆庶百姓，則必以法數制之。

荀子此段所言，與禮記曲禮「禮不下庶人，刑不上大夫。」類似。士大夫以禮規範，衆庶以刑制裁，上下尊卑之差異非常明顯。莊子的齊一思想，萬物應是齊等的；儒家則以「禮法」規範人倫秩序，人是有尊卑上下之分的。兩者之間，可謂迥然相異。

二、儒家政治思想之排擊

莊子之政治思想既然與儒家之政治思想迥然相異，所以對儒家所標的之政治理念，莊子輒予以排擊或否定，玆分三端述之：

1.反對智慧

在政治上老子反對以智治國，其云：「以智治國，國之賊；不以智治國，國之福。」（六十五章）莊子也反對智慧，尤其否定儒家仁義道德的政治。莊子應帝王篇有一寓言嘲弄人智，其云：

南海之帝爲儵，北海之帝爲忽，中央之帝爲渾沌。儵與忽時相與遇於渾沌之地，渾沌待之甚善。儵與忽謀報渾沌之德，曰：「人皆有七竅以視聽食息，此獨無有，嘗試鑿之。」日鑿一竅，七日而渾沌死。

陸德明經典釋文云：

儵忽取神速爲名，渾沌以合和爲貌，神速譬有爲，合和譬無爲。（註八）

人之視聽耳目，即屬有爲，有爲則勞神苦思，違反天機，所以一鑿渾沌之七竅，即去「無爲」而就「有爲」，天機殆喪盡矣！所以宣穎說：「天下一渾沌之天下也，古今一渾沌之古今也。今日立一法，明日設一政，機智豁盡，元氣消亡矣。」（註九）治國者但逞機智，設政令而網民，殊不知以純樸化民，才是長生久治之道。莊子之反對以智治國，亦可見一斑。

2.否定仁義

莊子之根本思想，是摒除是非之爭辯，不樹立正鵠而強人以從義。（註一〇）在政治上，莊子著眼於放任自由，無妨個性之成長發育，因此，對儒家倡導仁義爲標的之政治，莊子即認爲是攖人「心」。在宥篇即云：「黃帝始以仁義攖人之心。」大宗師篇亦云：「夫堯既已黥汝以仁義，而劓汝以是非矣。」另外在駢拇篇對仁義之傷殘情性作了很徹底的評擊。莊子先以一則寓言作引，言臧與穀二人俱相與牧羊，而俱亡其羊，二人雖事業不同，其於亡羊均也。底下則以伯夷、盜跖論喻之，其云：

> 伯夷死名於首陽之下，盜跖死利於東陵之上，二人者，所死不同，其於殘生傷性均也，奚必伯夷之是而盜跖之非乎？

伯夷死名，盜跖死利，唯人以名爲高，以利爲下，因此是伯夷而非盜跖，莊子則以爲二者之殘生傷性則無二致，所以對殉仁義之「君子」亦加以非之，駢拇篇又云：

> 彼其所殉仁義也，則俗謂之君子；其所殉貨財也，則俗謂之小人。其殉一也，則有君子焉，有小人焉；若其殘生損性，則盜跖亦伯夷已，又惡取君子小人於其間哉！

殉仁義既與殉貨財同爲殘生損性，莊子之據「性」爲標的而否定仁義，其理甚明矣。

3.掊擊聖者

莊子既否定仁義，那麼對儒家所稱修仁義之「聖人」，亦只不過爲大盜守耳。胠篋篇云：

> 將爲胠篋探囊發匱之盜而守備，則必攝緘縢，固扃鐍，此世俗之所謂知也。然而巨盜至，則負匱揭篋擔囊而趨，唯恐緘縢扃鐍之不固也。然則鄉之所謂知者，不乃爲大盜積者也。故嘗試論之，世俗所謂智者，有不爲大盜積者乎？所謂聖者，有不爲大盜守者乎？

世俗之「知者」，反爲大盜積，人人所稱頌之「聖者」，反爲大盜守，看似荒謬，卻也含至理，所以宣穎說：

仁義聖知，本教天下爲君子，莊生從局外看破，未足爲君子之資，而反以助盜賊之用。蓋天道一陽，即有一陰；人事一利，必有一害。通長算來，果然有之，不是莊子謬爲怪談也。（註一一）

仁義聖知本是善德，莊子從反面看出其弊端，自然反對聖知，所以莊子胠篋篇繼續評擊「聖人」說：

聖人之利天下也少，而害天下也多。

「聖人」既利天下少，而害天下多，所以唯有「聖人」死，天下才能太平，胠篋篇又云：

聖人已死，則大盜不起，天下平而無故矣。聖人不死，大盜不止　雖重聖人而治天下，則是重利盜跖也。

莊子這種反對「聖人」的思想，無疑是和老子有淵源的，老子云：

大道廢，有仁義；智慧出，有大僞。（十八章）

法令滋章，盜賊多有。（五十七章）

仁義智慧，老子認爲是衍生盜賊之溫床，尤其智慧，易啓機心狡詐，斲喪純樸。莊子對此也衍述老子之理，天地篇云：

有機械者必有機事，有機事必有機心，機心存於胸中，則純白不備；純白不備，則神生不定；神生不定者，道之所不載也。

有機動之器者，必有機動之務；有機動之務者，必有機變之心。機變存於胸府，則純樸喪而狡詐生焉。莊子之抱樸守白，反對人生之受到汚染，由此，亦可見其思想之一貫性。

三、理想的治世之方

莊子既然反對智慧，否定仁義，評擊聖人，幾乎把儒家的治國標的都否定掉了，那麼他的治國手段與藍圖又是什麼呢？莊子的理想治世之方，在應帝王篇裡以「天根」與「無名」之對答表現之，其云：

天根遊於殷陽，至蓼水之上，適遭無名人而問焉，曰：「請問爲天下。」無名人曰：「去！汝鄙人也，何問之不豫也。予方將與造物者爲人，厭，則又乘夫莽眇之鳥，以出六極之外，而遊無何有之鄉，以處無壙埌之野。汝又何帠以治天下感予之心爲？」又復問，無名人曰：「汝遊心於淡，合氣於漠，順物自然而無容私焉，而天下治矣。」

「遊心於淡」據郭象注云：「任性而無所飾焉則淡。」「合氣於漠」，郭注云：「漠然靜於性而止。」（註一二）「遊心於淡，合氣於漠」，則形與神二者皆靜，乃有密修己之道。（註一三）「順物自然而無容私焉」，據成玄英疏云：「隨造化之物情，順自然之本性，無容私作法術，措意治之。」（註一四）亦即順性無爲，乃變化治人之方。（註一五）綜合言之，莊子之修己治人，乃是「虛靜恬淡，無爲而治」，與儒家之修己治人迥異其旨。茲將莊子之「虛靜恬淡」與「無爲而治」分述如下：

1. 虛靜恬淡

在應帝王篇裡莊子提出「遊心於淡，合氣於漠。」在外篇裡有數處明白提出「虛靜恬淡，寂寞無爲。」茲摘錄於下：

天道篇云：「夫虛靜恬淡，寂漠無爲者，天地之平而道德之至，故帝王聖人休焉。」

刻意篇云：「夫恬淡寂漠，虛無無爲，此天地之平而道德之質也。」

又刻意篇云：「虛無恬淡，乃合天德。」

由上述所引，可知「虛靜恬淡，寂漠無爲。」乃德合天地，不但是人生的座右銘，同時也是爲政者應具有的態度。莊子以保持人性的純樸爲政治上的最高標的，所以爲政者宜去其欲望，將其心置於「寂漠無爲」之境，自然不會勞動心神，苛擾民生。所以「道德」二字，儒家存於仁義之內，莊子則存於「自然無爲」之中。莊子馬蹄篇云：

夫殘樸以爲器，工匠之罪也；毀道德以爲仁義，聖人之過也。

此處殘「樸」與毀「道德」相對，即道德應含人性之樸，不爲「仁義」，才能保持人性之全，所以成玄英說：「聖人以仁義之迹，毀無爲之道。」（註一六）莊子之去仁義以存道德，與老子之「大道廢，有仁義。」（十八章）可說一脈相承。

2.無爲而治

萬有萬物之存在，自有其存在之道。爲政之道，苟廣設規範一整其「性」，這無疑是違反萬物的自然本性，所以帝王君臨天下應以「無爲」治之，亦即應順萬有萬物之本性而任其自由存在。莊子在宥篇云：

故君子不得已而臨蒞天下，莫若無爲。無爲也而後安其性命之情。

又天道篇云：

夫帝王之德，以天地爲宗，以道德爲主，以無爲爲常。無爲也，則用天下而有餘；有爲也，則爲天下用而不足。

以上二段話言帝王治天下以「無爲」，這無疑也是源自老子思想，玆摘錄老子數章以明之：

爲無爲，則無不治。（三章）

愛國治民，能無爲乎？（十章）

絕聖去智，民利百倍；絕仁棄義，民復孝慈；絕巧棄利，盜賊無有。（十九章）

故聖人云：我無爲而民自化，我好靜而民自正，我無事而民自富，我無欲而民自樸。

（五十七章）

由上所引，可知莊老治國均主「無爲」。然而到底「無爲而治」是什麼？是不是毫無節制的放任狀態，事實卻不盡然。老子即嘗云：「輔萬物之自然而不敢爲。」（六十四章）即明示所謂「無爲」，乃「輔萬物之自然。」所以，萬物萬有之存在，各自有其存在之道，爲政者最忌諱的是違反萬物自然的「有爲」。因此，爲政者一方面置民於恬淡寡欲之境，以防民之有爲而傷生，另一方面亦應從自身修養恬淡無欲，以防爲滿足自己之嗜欲而擾民。所以，爲政者能做到「恬淡無爲」，萬有的生命自然活活潑潑地展現開來，這才是最理想的治世之道。

「無爲」用之於治道，實乃源自乎天地之本心，至樂篇云：

天地無爲也而無不爲也。

又庚桑楚篇云：「虛則無爲，而無不爲也。」

造物者之本心乃「無爲」，爲政者取法焉，則能無不爲。此「無爲而無不爲」之思想，亦得之於老子。老子云：

道常無爲而無不爲。（三十七章）

爲學日益，爲道日損。損之又損，以至於無爲，無爲而無不爲。（四十八章）

所以，「無爲而治」令民清靜自化，是老子治國理想，也是莊子的理想夢園！

四、理想夢園

莊子源承老子之「無爲而治」，到底是怎樣的一個理想夢園？莊子標擧了赫胥氏的治世理想。馬蹄篇云：

夫赫胥氏之時，民居不知所爲，行不知所之，含哺而熙，鼓腹而遊，民能已此矣。

赫胥氏，據成玄英疏說：「上古帝王也。」（註一七）在那上古時代，純樸未化，心絕緣慮，上者無爲，民則率性而動，可謂至淳之世。與赫胥氏類似的太樸時代，胠篋篇也有記載，其云：

昔者容成氏、大庭氏、伯皇氏、中央氏、栗陸氏、驪畜氏、軒轅氏、赫胥氏、尊盧氏、祝融氏、伏羲氏、神農氏、當是時也，民結繩而用之，甘其食，美其服，樂其俗，安其居，鄰國相望，雞狗之音相聞，民至老死而不相往來，若此之時，則至治已。

上述所列十二氏，依成玄英疏云：「並上古帝王也。當時既未有史籍，亦不知其次第前後。」（註一八）可知這十二氏均爲上古帝王，時代應還在尚未有文字記錄的結繩時代，應猶是太古渾樸未開的時代。莊子此十二氏的理想樂園，老子也有相似之記載，其云：

小國寡民，使有什伯之器而不用，使民重死而不遠徙。雖有舟輿，無所乘之；雖有甲

兵，無所陳之。使民復結繩而用之。甘其食，美其服，安其居，樂其俗，鄰國相望，雞犬之聲相聞，民至老死不相往來。（八十章）

老子「小國寡民」之理想王國，依人類文化之進化歷程看，應還是原始的部落社會。莊老之以太古原始爲其理想樂園，到底能否實現？對此問題，漢書藝文志問答有一段話頗足以說明之，其云：

道家推老子，老子爲柱下史，習於帝王之故，睹三代以來制作益詳，風俗益汙，不知其原，歸其過於禮樂，以爲亂之所從出，欲盡去之，而爲太古。夫夏之教忠，殷之教敬，周之教文，此非政之所彊，變之所適也。變之所適，則必因而利導之。周之不能爲太古，若昏之於昕，壯夫之於嬰兒。（註一九）

莊老見後世之制作愈盛，以爲此乃亂之所起，殊不知此乃文明進化之軌迹，亦猶壯夫不能復爲嬰兒。因此，莊老之理想樂園，或許只能在陶淵明的桃花源記裡作柏拉圖式的出現吧！

【附　註】

註　一　見史記卷一百三十。

註　二　見宣穎莊子南華經解，頁四四。

註　三　見宣穎莊子南華經解，頁七六。
註　四　見宣穎莊子南華經解，頁七六。
註　五　見唐律疏義卷一。
註　六　見莊子集釋，頁二九〇，引王念孫曰：「經式義度，皆謂法度也。」
註　七　見莊子集釋，頁二九一，成玄英疏。
註　八　見莊子集釋陸德明釋文，頁三一一。
註　九　見宣穎莊子南華經解，頁八〇。
註一〇　參見曹受坤莊子哲學，頁四一。
註一一　見宣穎莊子南華經解，頁八八。
註一二　見莊子集釋郭象注，頁二九四。
註一三　見宣穎莊子南華經解，頁七七。
註一四　見莊子集釋成玄英疏，頁二九四。
註一五　見宣穎莊子南華經解，頁七七。
註一六　見莊子集釋成玄英疏，頁三三九。
註一七　見莊子集釋成玄英疏，頁三四一。

註一八　見莊子集釋成玄英疏，頁三五八。

註一九　見漢書藝文志問答，頁一〇三。

第四章　莊子的藝術精神

莊子一書，基本上是我國一部博深玄奧的哲理書，但莊子那天馬行空，放縱自肆的表現方式，却又成就了莊子一書的文學藝術。同時，莊子哲理所啓示的人生，是那麼地圓通博洽，那麼地活潑而深富朝氣與生機，正是一個多麼令人嚮往渴慕的藝術的人生。莊子從大自然所宣洩的機趣中，又那麼地吻合藝術創作的原理。因此，自古以來，中國文人往往從莊子哲理中汲取一瓢，以潤飾其圓滿的人生；文學家、藝術家又從莊子充滿自然機趣中，吸收創作的靈感，創造了不少不朽的文學與藝術作品。所以，儘管在儒家思想定於一尊的歷史洪流裡，莊子思想仍然另闢一股清沁的伏流，文學家與藝術家莫不從中汲取一勺一瓢。莊子一書既然對中國的文學與藝術影響這麼深遠，所以本文試對莊子的藝術思想加以探索與勾勒，希冀對莊子的藝術精神能有系統的認識。

第一節　藝術之人生

西哲W. A. Peterson在其「生活的藝術」裡說：「思想的藝術是最偉大的藝術，因爲一個人心裡怎麼思想，他便是怎樣的一個人。」（註一）準此以證莊子的思想，莊子所創造的思想，無疑地可稱之爲最偉大的藝術，通過莊子思想的體驗而落實於人生，也無疑也稱之爲藝術的人生。

莊子藝術的人生最主要根植於「道」的體認。如前章所述，「道」乃宇宙萬物之總原始，莊子經由「道」而建立其思想體系。但莊子的思想能成爲藝術的人生，最重要的是莊子能提出「天地與我並生，萬物與我爲一。」的觀念，將渺小的人，短暫的人生，融通於宇宙萬物之間，遂穿越時空的侷限，使人能自由自在地「遊」騁於無垠的廣莫世界，同時也使人的生命能「遊」騁於時光的無限，所以莊子通過「遊」的自由馳騁而成就了藝術的人生。

「遊」字一義，說文無「遊」字，但於「游」字下云：「游、旌旗之流也。……迂，古文遊」段注云：「又引申爲出游、嬉游，俗字作遊。」（註二）說文雖無「遊」字，但「游」似應通「遊」，所以近人徐復觀云：「旌旗所垂之旒，隨風飄蕩而無所繫縛，故引申爲遊戲之遊，此爲莊子所用遊字之基本意義。」（註三）無所繫縛之嬉遊，正是精神上最徹底的自由解放。林語堂在其名著「生活的藝術」中說：「藝術爲人類精神的一種遊戲。」（註四）又說：「藝術的靈魂是自由。」（註五）準此，精神上能夠最自由的「遊」，便是藝術的精神，通過此種藝術精神的人生，便是藝術的人生。

那麼，莊子哲學又如何通過「遊」的徹底自由而成就其藝術的人生？正如前章莊子認識論所述，在莊子逍遙遊篇裡，鯤之「化」爲鵬，遂能展翅高飛，遨遊於萬里穹蒼，此鯤之「化」，即爲超越世俗的昇華，也就是能充分逍遙的要件。然而，人之生於世，即受世俗之累而顯得滯礙難行。此「世俗之累」者何？人之原始本是樸素渾沌，奈何文明愈進，制作愈多，人所受之限制也愈大，於是自縛於桎梏中，而不自由之苦生焉；人之生命有限，盛衰有時，於是死生之憂存焉；人之生，飢而食，渴而飲，本是熙樂而遊，奈何制作名利以誘焉，於是名利之欲滋之於心矣。因之，世俗之累一日不除，人之自陷於憂苦囚獄則一日不去。所以如何「化」除世俗之累的工夫，即是如何臻之於徹底自由而遊的過程。

死生、名利既爲世俗之累，則欲化除此累，莊子在齊物論裡論萬物齊一的道理中，提供了齊大小、泯是非、一死生等之重要觀念，此等觀念之認知，可以說破除了世俗相對存在的藩籬，進而臻於絕對逍遙之境界。（註六）莊子也在秋水篇裡進一步申論說：

以道觀之，物無貴賤；以物觀之，自貴而相賤；以俗觀之，貴賤不在己。以差觀之，因其所大而大之，則萬物莫不大；因其所小而小之，則萬物莫不小。知天地之爲稊米也，知毫米之爲丘山也，則差數睹矣！

此處點明「以道觀之」，可以說是回歸到「天地與我並生，萬物與我爲一」的基點上，也就是「化」除世俗之累之重要樞紐。而這段化除過程，也就是學道工夫的修練歷程，乃是一段如蠶結繭般地嘔心瀝血的艱辛歷程，徐復觀先生即認爲這段歷程，正與一個藝術家在創作中所用的工夫相同，以證明學道的內容與一個藝術家所達到的精神狀態並無二致。（註七）關於此修練歷程，將在下文「藝術創作的修練歷程」中詳述之，此處則在指陳莊子的哲理落實人生，便是藝術的人生，而這藝術的人生的重要理念便是「與天地並生，與萬物爲一」的「遊」的自由精神，而一個藝術家的創作精神，正是最需要這種「遊」的自由精神。所以，莊子的哲理，不只成就了藝術的人生，更是所有藝術創作的指標。

【附註】

註一　見W. A. Peterson 著，吳奚眞、侯健譯，「生活的藝術」，頁一五。

註二　見說文，頁三一四。

註三　見徐復觀「中國藝術精神」，頁六二。
註四　見林語堂「生活的藝術」，頁三四七。
註五　見林語堂「生活的藝術」，頁三四九。
註六　參閱前章莊子之認識論，一、相對存在。
註七　參見徐復觀「中國藝術精神」，頁五四—頁五五。

第二節　自然主義之藝術觀

一、自然之界義

在莊子的哲理，道既是宇宙萬物之總原始，落實於生活中，就是藝術的人生，以之應用於藝術創作上，則是藝術創作的最高指標。

「道」從另一層次看，就是「自然」。老子即曾云：「人法地，地法天，天法道，道法自然。」（二十五章）此言人、地、天、道、自然等五者層層相法，自然乃爲其最高法則。

莊子天地篇亦云：

故通於天地者，德也；行於萬物者，道也；上治人者，事也；能有所藝者，技也。技兼於事，事兼於義，義兼於德，德兼於道，道兼於天。

此言從「能有所藝」之技起，經事、義、德、道層層相兼，最後兼之於天，天即「自然」之義。又天地篇云：

無爲爲之之謂天。

另秋水篇亦云：

天在內，人在外，……牛馬四足是謂天；落馬首，穿牛鼻，是謂人。

從這兩處文義可知：不加人爲，純任自然，就是天；施加任何人爲因素，就不是自然，就不能稱之爲天。因此「道兼於天」就是老子之「道法自然」。所以道家言「天」即是言「自然」。

二、純任自然

莊子既言「道」兼於天，所以任何有損於天的人爲因素都深深地戕害大自然的生命，莊子應帝王篇有一段寓言最足說明此中道理，其云：

南海之帝爲儵，北海之帝爲忽，中央之帝爲渾沌。儵與忽時相與遇於渾沌之地，渾沌待之甚善。儵與忽謀報渾沌之德，曰：「人皆有七竅以視聽食息，此獨無有，嘗試鑿之。」日鑿一竅，七日而渾沌死。

道本自然、渾沌不分，若是強加干涉、妄施外力，則生機日喪，終不免於死亡。另莊子人間世、至樂篇所記載之愛馬與養鳥也是活生生的例子。莊子人間世篇云：

夫愛馬者，以筐盛矢，以蜄盛溺。適有蚉虻僕緣，而拊之不時，則缺銜毀首碎胸。意有所至而愛有所亡，可不愼邪！

又莊子至樂篇云：

昔者海鳥止於魯郊，魯侯御而觴之於廟，奏九韶以爲樂，具大牢以爲膳。鳥乃眩視憂悲，不敢食一臠，飲一杯，三日而死。

萬物之性，莫不禀乎自然，能順自然之性，則各適其性，各安其命。人雖愛馬悅鳥，則應以馬養馬，以鳥養鳥，自然躍騰翺翔，生機活潑；若違反自然，自是驚怒憂悲，日斲生機，終喪其生。所以順乎物性，任化自然，自可蘊含生機，鮮明蓬勃。藝術創作又何嘗不然？莊子達生篇云：

梓慶削木爲鐻，鐻成，見者驚猶鬼神。魯侯見而問焉，曰：「子何術以爲焉？」對曰：「臣工人，何術之有？雖然，有一焉。臣將爲鐻，未嘗敢以耗氣也，必齊以靜心。齊三日，而不敢懷慶賞爵祿；齊五日，不敢懷非譽巧拙；齊七日，輒然忘吾有四枝形體也。當是時也，無公朝，其巧專而外骨消；然後入山林，觀天性；形軀至矣，然後成見鐻，然後加手焉；不然則已。則以天合天，器之所以疑神者，其是與！

此段以寓言先述齋戒去欲，然後入山林，觀天性，最後「以天合天」，而完成不朽名作。所以從這則寓言裡，可以概略瞭解到莊子任化自然的自然主義之藝術觀。什麼是自然主義之藝術觀？朱光潛說其基本條件有二：一、認爲完美的藝術都能返照全體自然，亦即承認大自然都是最完美的。二、模倣自然。既是認爲大自然最完美、藝術的創造當然要從大自然模倣之。（註一）從這兩個基本條件視之，「妙肖自然」恐怕就是自然主義藝術觀的追求目標，列子說符篇也有一則寓言說明此理，其云：

宋人有爲其君以玉爲楮葉者，三年而成，鋒殺莖柯，毫芒繁澤，亂之楮葉中而不可別也，此人遂以巧食宋國。

此以玉所爲之楮葉，亂之眞楮葉中而不可別，正是「妙肖自然」之最佳寫照。但「妙肖自然」猶不是莊子自然主義藝術觀之最高境界，莊子所追求的應是「以天合天」，也就是「契合自然」。此「契合自然」必需經過齋戒去欲的修練過程，最後將整個人格、精神全部融入於自然的物象中，然後所創作出來的作品，才能蘊含自然的活潑生機，而不只是妙肖而已。這是莊子所參透出來的中國藝術精神，其與西洋自然主義最大不同點是：莊子將人生哲理融

入於藝術領域之中，而開拓一片人生藝術化的天地；西洋之自然主義則但止於「妙肖自然」，終不免淪於純藝術的寫實主義。（註二）

三、自然之特質——眞樸

「自然」之內在特質就是眞樸。莊子應帝王篇所稱之渾沌，依陸德明經典釋文所引：「渾沌，清濁未分也，此喻自然。」（註三）自然之原始，即爲清濁未分之狀態，此種狀態，老子提出「樸」字，莊子則提出「眞」字代表之。

「樸」字依說文：「樸，木素也」（註四）王充論衡量知篇則云：「無刀斧之斷者謂之樸。」（註五）依上述之義，與清濁未分之渾沌很契合。查老子書中樸字出現七個，其中六個是名詞，乃以未成器之木材，喻說自然之原始狀態，可謂非常貼切。（註六）

「眞」字在道家思想裡也是頗富哲學深義的用詞。老子三次運用「眞」字，（註七）莊子一書則共用六十四個「眞」字，（註八）今人王煜依其用法分三類：㈠眞字作形容詞，指實在、不假僞、不虛妄、誠實。㈡眞字作副詞用，有「確是」或「的確」之意。㈢眞字作名詞，指實在、不假僞性、不虛妄性及誠實，引申爲正確性與自然或實在的本性。（註九）依此三種用法看，作形容詞時，像「眞君」「眞宰」「眞人」之用法，眞字即代表妙契自然，虛懷順物者之特質，其與莊子書中：「天人」「至人」「全人」「聖人」等無異。至於作名詞之用法，「眞」即可指自然，或自然之本性。如大宗師篇：「嗟來桑戶乎！嗟來桑戶乎！而已反其眞，而我猶爲人猗。」此「眞」字即指自然。又如達生篇：「不開人之天，而開天之天。開天者德生，開人者賊生。不厭其生，不忽於人，民幾乎以其眞。」此將天人相對，「眞」即指自然之本性——率性任眞。（註一〇）

從上述「眞樸」之含義視之，可知眞樸即代表「自然」之本質，甚或代表「自然」。因此，老莊一再強調「返樸歸眞」，即希望返於自然之渾沌狀態。所以莊子之哲理既要人返歸眞樸，以能任化自然而臻於渾樸純眞之境界，其藝術精神自然也是透過這一層修養而達於眞樸的境界。莊子天地篇一則寓言頗能申喻此理，天地篇云：

> 子貢南遊於楚，反於晉，過漢陰，見一丈人方將爲圃畦，鑿隧而入井，抱甕而出灌，搰搰然用力甚多而見功寡。子貢曰：「有械於此，一日浸百畦，用力甚寡而見功多，夫子不欲乎？」爲圃者卬而視之曰：「奈何？」曰：「鑿木爲機，後重前輕，挈水若抽，數如泆湯，其名爲槔。」爲圃者忿然作色而笑曰：「吾聞之吾師，有機械者必有機事，有機事者必有機心，機心存於胸中，則純白不備；純白不備，則神生不定；神生不定者，道之所不載也。吾非不知，羞而不爲也。」子貢瞞然慚，俯而不對。

若有機械，便有機心；若有機心，則虛妄僞作滋生，人類也因此失掉純白之本心，即是

「純白不備」。所以保存本心之純白，就是保有自然本性的眞樸。因此，爲歸返眞樸，有關一切人爲造作的一切器械技巧均在反對之列，所以莊子胠篋篇云：

擢亂六律，鑠絕竽瑟，塞瞽曠之耳，而天下始人含其聰矣；滅文章，散五采，膠離朱之目，而天下始人含其明矣；毀絕鉤繩而棄規矩，攦工倕之指，而天下始人有其巧矣。

六律、竽瑟、文章、五采、鉤繩、規矩等都是人爲的造作，這些造作能使自然眞樸之機趣斲喪殆盡。因此，惟有去人爲之造巧，始能妙契自然而歸返眞樸之機趣，而這眞樸之藝術旨趣，可說是莊子爲中國藝術領域裡燃起一盞明亮的灯塔，吸引了後世無數藝術工作者的引領翹望，因而也創造了不少純素渾樸的藝術精品。

【附　註】

註　一　以上之說參見朱光潛文藝心理學，頁一三四。

註　二　參見朱光潛文藝心理學，頁一三五。

註　三　見郭慶藩莊子集釋，頁三一〇。

註　四　見說文，頁二五四。

註　五　見王充論衡卷十二量知篇。

註　六　見王煜老莊思想論集，頁二八七。
註　七　案老子用「眞」字共三次：二十一章「其精甚眞」。四十一章「質眞若渝」，四十五章「其德乃眞」。
註　八　參見王煜老莊思想論集，頁四二七。
註　九　見王煜老莊思想論集，頁四二八、四三〇、四三二。
註一〇　參見王煜老莊思想論集，頁四三三。

第三節　藝術創作之修練歷程

一、由技入道

「道」是老莊所建立的最高概念，既是宇宙萬物的總原始，復經莊子所申論的「體道」過程，更表現了藝術精神的另一層次。所以，近人徐復觀先生即認爲老莊之「道」，即是最高的藝術精神。（註一）同時也認爲「體道」的過程與藝術修練的過程相當。（註二）所以，就藝術層面言之，如何將低層次的「技」藝，提昇到入道的最高層次，實在是從事藝術創作的重要課題，莊子養生主篇之「庖丁解牛」，即是就這個課題闡明如何由技入道的途徑，養生主篇云：

> 庖丁爲文惠君解牛，手之所觸，肩之所倚，足之所履，膝之所踦，砉刀嚮然，奏刀騞然，莫不中音，合於桑林之舞，乃中經首之會。文惠君曰：「譆！善哉！技蓋至此乎？」庖丁釋刀對曰：「臣之所好者道也，進乎技矣。始臣之解牛之時，所見無非牛者。三年之後，未嘗見全牛也。方今之時，臣以神遇而不以目視，官知止而神欲行。依乎天理，批大郤、導大窾，因其固然。技經肯綮之未嘗，而況大軱乎！良庖歲更刀，割也；族庖月更刀，折也。今臣之刀十九年矣。所解數千牛矣，而刀刃若新發於硎。彼節者有閒，而刀刃者無厚；以無厚入有閒，恢恢乎其於游刃必有餘地矣，是以十九年而刀刃若新發於硎。雖然，每至於族，吾見其難爲，怵然爲戒，視爲止，行爲遲。動刀甚微，謋然已解，如土委地。提刀而立，爲之四顧，爲之躊躇滿志，善刀而藏之。」文惠君曰：「善哉！吾聞庖丁之言，得養生焉。」

這個寓言，固可譬喻養生之理，亦可用之說明藝術創作的道理。尤其「遊刃有餘」，一方面代表藝術創作所必備的最自由的悠遊，另一方面也表示創作時技巧之成熟圓通。所以，以「目視」時之層次，正顯示藝術創作時之生澀滯礙；以「神遇」之層次，則已達遊刃有餘之境矣。但是從「目視」到「神遇」間，却是由「技」入「道」的一段艱苦而漫長的重要歷程，這段歷程，也正是藝術創作的修練歷程。至於這段歷程如何修練，以下將依次述之。

二、解衣般礴

莊子田子方篇有一則直接論及畫者的寓言，對藝術家的創作與藝術家的修養深具啓示，田子方篇云：

宋元君將畫圖，衆史皆至，受揖而立，舐筆和墨在外者半。有一史後至者，儃儃然不趨，受揖不立，因之舍，公使人視之，則解衣般礴贏。君曰：「可矣，是眞畫者也。」

後世畫論裡常標舉「解衣般礴」爲畫者的最高畫姿，即本此寓言。「解衣」意表無拘無束的自由境界，「般礴」意表旁若無人的自信表情。自由與自信正是藝術創作上的最寶貴要素。（註三）藝術創作的自由雖表示了不受干擾的自由創作精神，但骨子裡需要能不汲汲於名利，不懾服於權勢，這就需要長期的內心修練以臻於感情的潔淨。至於創作上的自信，則表示一個藝術創作者思想成熟而表現出來的堅定信念，這也需一段長時間的陶練。所以，就藝術創作的歷程來說，從美的意象的初步醞釀，到藝術成品的展現，需要感情與思想上作長期的淨化與陶練，在藝術創作時才能表現一個「解衣般礴」的「眞畫者」。

一個藝術工作者，除了積極淨化高尚的情感與陶練圓熟的思想外，同時也應注意到心靈受到污染與腐化，於此，莊子特別告誡「凡外重者內拙」，莊子達生篇云：

以瓦注者巧，以鈎注者憚，以黃金注者殙，其巧一也，而有所矜，則重外也。凡外重者內拙。

此段寓言，以賭注來喻說「凡外重者內拙」，若以之譬說藝術創作時之態度與心境亦非常貼切。若過分重視外物，則成敗、得失、毀譽之心生，必然怖懼昏亂，其巧雖一，其作品必劣，所以莊子特別告誡：「凡外重者內拙」。因此，藝術工作者的基本涵養，就是袪除外物的引誘。莊子達生篇「梓慶爲鐻」，必「齊以靜心」，而不敢懷「慶賞爵祿」、「非譽巧拙」，就是去「外重」，使內心潔淨專一，了然無掛，自然能專注於作品之創作，此與無視於權勢富貴而「解衣般礴」之「眞畫者」，可謂相互發明。

三、心齋、坐忘與美感經驗

心齋與坐忘，在前章莊子之人生論已論及，此處專就藝術創作之層次討論之。莊子人間世篇云：

若一志，無聽之以耳而聽之以心，無聽之以心而聽之以氣。聽止於耳，心止於符。氣也者，虛而待物者也。唯道集虛。虛者，心齋也。

又莊子大宗篇云：

顏回曰：「回益矣。」仲尼曰：「何謂也？」曰：「回忘仁義矣。」曰：「可矣。猶未也。」它日，復見，曰：「回益矣。」曰：「何謂也？」曰：「回忘禮樂矣。」曰：「可矣。猶未也。」它日，復見，曰：「回益矣。」曰：「何謂也？」曰：「回坐忘矣。」仲尼蹴然曰：「何謂坐忘？」顏回曰：「墮枝體，黜聰明，離形去知，同於大通，此謂坐忘。」仲尼曰：「同則無好也，化則無常也。而果其賢乎！丘也請從而後也。」

此「心齋」之「氣虛待物」與「坐忘」之「離形去知」，無非是要「喪我」、「無己」，以冥於變化，同於大通，這種工夫固是莊子的體「道」工夫，也就是藝術觀照的歷程。爲什麼這種「心齋」與「坐忘」所產生之「喪我」「無己」乃是藝術觀照的歷程？德國心理學家閔斯特堡在其「藝術教育原理」裡說：

如果你想知道事物本身，祇有一個方法，你必須把那件事物和其它一切事物分開，使你的意識完全爲這一個單獨的感覺所佔住，不留絲毫餘地讓其他事物可以同時站在它的旁邊。如果你能做到這步，結果是無可疑的：就事物說，那是完全孤立，就自我說，那是完全安息在該事物上面，這就是對於該事物完全心滿意足，總之，就是美的欣賞。

當一個人在觀賞某一事物時，就自我說，那是完全安息在該事物上面，這表示了已無我的存在，這不是「喪我」、「無己」麼？所以朱光潛也說：「藝術要擺脫一切，然後才能獲得一切。」（註五）朱氏並進一步舉例說：

如一個畫家在聚精會神地欣賞一棵古松，那棵古松對於他便成爲一個獨立自足的世界。在觀賞的一剎那中，他忘卻這棵古松之外還另有一個世界。目前意象世界彷彿是一種夢境，如果另外世界的事物闖進意識中來，便不免使他從夢境中驚醒了。（註六）

這種聚精會神地欣賞某一事物，在觀賞的一剎那，他便忘卻了除這一事物以外的世界，換句話說，除了觀賞的對象，包括「自我」在內的所有事物都忘卻了，如此才能獲得藝術的一切。莊子達生篇也有一則寓言鮮活地說明這層道理，達生篇說：

仲尼適楚，出於林中，見痀僂者承蜩，猶掇之也。仲尼曰：「子巧手！有道邪？」曰：「我有道也。五六月累丸二而不墜，則失者錙銖；累三而不墜，則失者十一；累五而不墜，猶掇之也。吾處身也，若厥株拘；吾執臂也，若枯木之枝；雖天地之大，萬物之多，而唯蜩翼之知。吾不反不側，不以萬物易蜩之翼，何爲而不得！」孔子顧謂弟子曰：「用志不分，乃凝於神，其痀僂丈人之謂乎！」

「雖天地之大，萬物之多，而唯蜩翼之知。」正是除了專注於蜩翼以外，天地之大，萬物之多，莫不皆忘卻了，此刻痀僂老人「用志不分，乃凝於神。」不也是「喪我」「無己」

的寫照麼？所以徐復觀先生即認爲心齋、坐忘所產生的「喪我」「無己」，正是美地觀照得以成立的精神主體，也是藝術得以成立的最後依據。（註七）莊子提出「心齋」與「坐忘」做爲體「道」的工夫，竟然與藝術的觀照如此契合，這也不是「道通於一」麼？

四、物化與移情作用

物化一詞出在莊子齊物論之「莊周夢蝶，」齊物論云：

昔者莊周夢胡蝶，栩栩然胡蝶也，自喻適志與！不知周也。俄然覺，則遽遽然周也。不知周之夢爲胡蝶與，胡蝶之夢爲周與？周與蝶，則必有分矣。此之謂物化。

就莊子思想中，本體之道，絕對唯一，而且永恒不變；但現象之物，則其形變化不定。莊子寓言篇云：「萬物皆種也，以不同形相禪，始卒若環，莫得其倫。」所以就形象觀之，莊周與胡蝶只是「道化」之不同形相禪；自本體之道觀之，則一而不化。（註八）因此，物化之基本精神還是在「天地與我並生，萬物與我爲一。」萬物是我、我是萬物，我與萬物是息息相通。

能明白物化的原理，對藝術創作與鑑賞是非常重要的一環。因爲能明物化之境，才能體萬物之情，而能與之同悲，這就是西洋美感經驗中的「移情作用。」什麼是移情作用？朱光潛先生釋之云：

在凝視觀照時，我們心中除開所觀照的對象，別無所有，於是在不知不覺之中，由物我兩忘進到物我同一的境界。（註九）

這種由凝視觀照，進而物我兩忘，再進而物我同一，正是藝術創作與鑑賞所必備之精神狀態。所以莊子秋水篇所記「濠梁之辯」，莊子能體游魚之樂，正是這種「移情」的物化現象。因此，在聚精會神的觀照中，我的情趣與物的情趣往復迴流。自己歡樂時，天地山河可以揚眉含笑；自己悲傷時，風雲花鳥可能愁苦悲泣。（註一〇）因此，就美感經驗來說，這是一種移情作用；就人生哲理來說，這是能體「與萬物爲一」的物化作用。

五、得之於心，應之於手

就總結以上所述，「由技入道」是由普通的技藝進入藝術殿堂的重要關鍵，這其中的成敗是需要一段艱苦而漫長的修練歷程：首先需要確立「解衣般礴」的高尚感情與思想，嗣之應摒棄「我執」，而才能聚精會神於美的意象上，進而能臻物化而達於物我爲一的境界，此際，由「技」入「道」，終能臻於藝術的高峰。從這條線索看，可說均著重於藝術精神層面的條件，似乎忽略了藝術創作的技巧。事實上，技巧只是基本的技藝而已，能否從技藝提昇爲藝術，還是端賴於藝術的修練，莊子天道篇一則寓言足以譬況這層道理，天道篇云：

桓公讀書於堂上，輪扁斲輪於堂下，釋椎鑿而上，問桓公曰：「敢問公之所讀者何言邪？」公曰：「聖人之言也。」曰：「聖人在乎？」公曰：「已死矣。」曰：「然則君之所讀者，古人之糟魄已夫！」桓公曰：「寡人讀書，輪人安得議乎？有說則可，無說則死。」輪扁曰：「臣也，以臣之事觀之，斲輪：徐則甘而不固，疾則苦而不入；不徐不疾，得之於手而應於心；口不能言，有數存焉於其閒。臣不能以喻臣之子，臣之子亦不能受之於臣，是以行年七十而老斲輪。古之人與其不可傳也死矣。然則君之所讀者，古人之糟魄已夫！」

此處輪扁爲什麼批評桓公所讀者，乃不過古人之糟魄耳？思想或藝術貴在獨創或創新，若只是踵繼舊轍，自然所見者只有前人之糟魄而已。並且藝術之獨創或創新，其基礎著重在精神層面的修練上，所以日本本世紀初的藝術評論家金子筑水說：

> 藝術由時代所產生，更進一步去創造時代，這是藝術家的最大的本領。藝術家一方面根據一定的時代精神去創造作品，而又在此作品中，顯示思想上特殊的傾向或潮流，使一代人類翕然從風，這是藝術創作的本來面目。藝術創作有的能使當時的時代思潮加深加強，有的能使時代精神產生特殊傾向，有的能促成各種改造或革新，或竟產生與自己時代迴然不同的新的時代。在各種意義上，藝術是與時代革新或改造的根本精神有著密切的關係的。……（註一一）

藝術家想要創造作品，甚或創造時代，一定先掌握時代的精神，這就需要從精神層面去修練。同時，就藝術創作來說，基本技巧的訓練雖是必需的，但光是技巧的熟練，決不能進入藝術的殿堂，至多只是一名熟練的工匠罷了，熟練的技巧必需有賴於精神修練的提昇並加以指引，才能發揮得淋漓盡致，而產生不朽的藝術來。輪扁斲輪已臻於出神入化之境，故能得之於手而應之於心，「心」「手」合一，即代表「技巧」與「精神」融爲一體，「手」隨「心」轉，可說是藝術創作時的最高境界，這與庖丁解牛時「以神遇而不以目視」之遊刄有餘，乃是同一境界，也就是由「技」入「道」的境界了。所以輪扁不能以喩其子，其子也不能受之於輪扁，主要是除了有形的技巧外，還要有無形的精神涵養，此精神涵養是別人不能代替去修練的，必需自己去品嘗，自己去陶練，就如人飲水，冷暖自知。所謂「巧匠能予人規矩，而不能予人巧。」也正是這層道理。可惜，世俗不明白這層道理，光是在技巧上講求，忽略了精神層面的涵養，實在可悲可嘆！此足爲有心從事藝術工作者的借鑑。

【附　註】

註　一　見徐復觀中國藝術精神，頁五〇。

註　二　同前

註　三　參見中華文化復興月刊第十二卷第十期「道家的文藝思潮」，青木正兒著，鄭峰明譯。

註　四　見朱光潛文藝心理學，頁一〇。

註　五　見朱光潛文藝心理學，頁一一。

註　六　同前。

註　七　見徐復觀中國的藝術精神，頁七二。

註　八　參見前章第二節莊子之認識論，四、物化之工夫。

註　九　見朱光潛文藝心理學，頁三三。

註一〇　參見朱光潛文藝心理學，頁三七。

註一一　見虞君質藝術概論，頁一〇七。

第五章　莊子的藝術精神與藝術創作

第一節　虛實之運用

一、虛無之體現

道家思想主「虛無」，老子發其端，莊子闡其微。老子云：「天地萬物生於有，有生於無。」（四十章），此處之「無」，可說與道相當，乃宇宙萬物之母。宇宙萬物都是實有的存在，老子以「無」爲其生成的總原始，實具另一層意義。老子又云：

三十輻共一轂，當其無，有車之用。埏埴以爲器，當其無，有器之用。鑿戶牖以爲室，當其無，有室之用。故有之以爲利，無之以爲用。（十一章）

此處之「無」，謂「空虛之處」（註一）車以轉軸爲用，器以容物爲用，室以出入通用爲明，皆在空虛無礙之處。室車之所以爲室車之利，乃緣於「無」之妙用。因此，「實有」物之所以爲利，得之於「虛無」之爲用。

「無」既是宇宙萬物之母，「實有」物之所以爲利，而得之於「無」之妙用，所以想要觀察宇宙萬物，必能體「無」才可觀其妙處，所以老子云：

> 故常無，欲以觀其妙；常有，欲以觀其徼。（一章）

有盡處是實有的存在，妙之無窮，是虛無的作用，然「無」必託之於「有」才能顯現。三國誌魏書鍾會傳裴松之注云：

> 裴徽爲吏部郎，弼未弱冠，往造焉。徽一見而異之，問弼曰：『夫無者，誠萬物之所資也。然聖人莫肯致言，而老子申之無已者何？』弼曰：『聖人體無，無又不可訓，故不說也。老子是有者也，故恆言無所不足。（註二）

聖人體「無」，「無」不可訓，不可說，所以只有託之於實「有」。「有」因「無」而生，「無」因「有」而顯，所以老子說「有無相生」（二章），即是這層道理。

莊子承繼老子哲學，而闡明「虛無」至理。莊子天地篇云：

> 泰初有無，無有無名，一之所起，有一而未形。物得以生，謂之德；未形者有分，且然無間，謂之命；留動而生物，物成生理，謂之形；形體保神，各有儀則，謂之性。

此「泰初有無」之「無」，亦即老子「有無相生」之「無」。「一之所起」之「一」，就是形容「道」在創作活動中向下落實一層的未分狀態，這個未分狀態的「一」，相當於老子的「有」。（註三）「一」由「無」而生，「無」由「一」顯，與「有無相生」的道理相通。

莊子也強調以「虛」應物，莊子人間世云：

若一志，無聽之以耳而聽之以心，無聽之以心而聽之以氣。聽止於耳，心止於符。氣也者，虛而待物者也。唯道集虛。虛者，心齋也。

此言「心齋」工夫即在「虛」也，蓋能如氣之柔弱虛空，則其心自能寂泊忘懷，忘懷方可應物。（註四）所以，「虛」者，乃心齋妙道，此與老子之「故常無，欲以觀其妙」，兩者意義相當。因之，莊子人間世篇又云：

虛室生白，吉祥止止。

白者，依陸德明經典釋文云：「日光所照也。」（註五）室虛空，日光方能有所照明，此以室喻心，謂虛室而純白獨生，（註六）此與老子言「當其無，有室之用。」，不是如出一轍麼？可見「虛無」之爲用大矣！老莊獨標「虛無」之慧見，實揭開了宇宙奧秘之面紗，進而掌握了宇宙衍化之樞紐。

「虛無」之相對就是「實有」，其實基於「有無相生」之理，兩者間是一體互生，「實有」因「虛無」之作用而注入了鮮活的生機，「虛無」因「實有」的依托而擁有具體的生命。

只是常人但見「實有」的存在，而往往忽略了「虛無」的妙用。因此，老莊之獨標「虛無」，對中國的文學與書畫創作具有莫大的啓示。

二、文學創作之虛實運用

以文學創作言，「虛實」的運用處處可見。日本漢學家靑木正兒卽曾著文論及詩文之「虛實」運用，茲歸納其要點如下：（註七）

1. 就詞性上分虛實字：名詞、數詞是實字；副詞、形容詞、前置詞、助詞等是虛死字；動詞是虛活字。實字可虛用，虛字可實用，文章才能生動活潑。例：

1. 實字虛用：解衣「衣」人，春風「風」人。「衣」「風」二字本實字，此當虛字用。

2. 虛字實用：「國步」「天步」之「步」字，本虛字，此當實字用。

2. 就作詩的虛實運用，大約以「景物」爲實，以「情思」爲虛，情景交互運用，自能產生美感。唐人律詩之中聯四句，卽有「四實」、「四虛」、「前虛後實」、「前實後虛」等四種章法，絕句之第三句亦有「實接」、「虛接」之說法，茲舉述如下：

(1)四實：「四實」乃律詩之中聯四句皆景之謂，此章法能於華麗典重之中顯其雍容寬厚之態，例杜審言「早春游望」之中聯四句：

「雲霞出海曙，梅柳渡江春。淑氣催黃鳥，晴光轉綠蘋。」

⑵四虛：四虛乃律詩之中聯四句皆情思而虛也。此章法要能不以虛爲虛，而以實爲虛，卽化景物爲情思，從首至尾，自然如行雲流水，切忌偏於枯瘠而流之輕俗。例劉長卿「喜鮑禪師自龍山至」之中聯四句：

「猶對山中月，誰聽石上泉。猿聲知後夜，華發見流年。」

⑶前虛後實：指先抒「情」爲虛，後寫「景」爲實，實者氣勢雄健，虛者態度諧婉，例司空曙「雲陽舘與韓外卿宿別」之中聯四句：

「乍見翻疑夢，相悲各問年。孤燈寒照雨，深竹晴浮煙。」

⑷前實後虛：指先記實景，後抒情思，例王維「秋夜獨坐」之中聯四句：

「雨中山菓落，燈下草蟲鳴。白髮終難變，黃金不可成。」

⑸實接與虛接：絕句之第三句有「實接」、「虛接」之用法。「實接」，「虛接」除以「景物」、「情思」作分別外，實接還有以「實事」接續者。如岑參「逢入京使」之「馬上相逢無紙筆，憑君傳語報平安。」另「實接」、「虛接」尚有以絕句第三句之句首用字分別的，「實接」以實字起首，虛接以死虛字置於句端。以實字承接，語氣轉換較急，以死虛字承接，語氣轉換較緩，茲將「實接」與「虛接」之例各舉示於下：

「實接」之例，杜常「華清宮」

「行盡江南數十里，曉風殘月入華淸。朝元閣上西風急，都入長楊作雨聲。」

「虛接」之例：杜牧「懷吳中」

「長洲苑外草蕭蕭，却算遊程歲月遙。唯有別時今不忘，暮煙秋雨過楓橋。」

3.就文章論虛實，計有以下三種說法：

(1)以哲理、史實分虛實。南宋李塗文章精義云：「莊子文字善用虛，以其虛而虛天下之實；太史公文字善用實，以其實而實天下之虛。」莊子之文言哲思，乃虛也；史記之文主史實，乃實也。

(2)以義理、神情分虛實。淸初唐彪「讀書作文譜」卷七論「虛實、淺深」中，即以闡發義理爲實，以搖曳神情爲虛。

(3)以正面或側面敍文章本旨爲實敍與虛敍的分野。直接敍述與本題有關係的事實或要旨，即是實敍；間接敍述與本題有關之要旨，或作側面、背面的修飾，均是虛敍。

以上就日本漢學家青木正兒所論詩文之虛實運用，作一簡要引證。詩文創作的虛實運用，雖未必直接受到老莊「虛無」思想的影響，但世人常常只見到「實有」的存在，根本忽略了「實有」的鮮活存在，正是「虛無」的靈活運用。所以，老莊所發現的「虛無」至理，對詩文之創作應有莫大的啓導作用。

三、書畫創作之虛實運用

作詩爲文如能靈活運用「虛無」，自能使文章鮮活生動，而免於窒礙呆滯。至若中國書畫之廣泛運用「虛實」的變化，更表現了中國書畫藝術特有的特色。中國的書畫藝術，從執筆、素材、以至創作的觀念，無不與「虛實」的運用息息相關，玆分述於后：

中國書畫以用筆爲主，而用筆之要在執筆，執筆的要領則在「指實掌虛」，唐太宗之「筆法訣」云：

大凡學書、指欲實、掌欲虛、管欲直、心欲圓。……大抵腕豎則鋒正，鋒正則四面勢全。次實指，指實則力均平。次掌虛，掌虛則運用便易。（註八）

中國書畫的執筆要領，欲求筋力均平，則求其指實；欲求其運筆靈活，則手掌要能虛空，完全是虛實的相對運用。

清人唐岱「繪事發微」中論墨法云：「墨色之中分爲六彩。何爲六彩？黑、白、乾、濕、濃、淡是也。」（註九）書畫家用墨、從濃到淡，從枯到濕，分成許多層次，即是從用墨的六彩中表現水墨的「色彩」層次。在用墨的變化中，濃枯與黑白的用墨方式，完全運用「虛實」相間表現水墨的氣韻與趣味。書法大家顏眞卿著名的「祭姪稿」，就表現了枯墨的氣韻。明董其昌喜用枯筆，表現其特有風味。（註一〇）在書法的字體上，東漢蔡邕所創的飛白書，是用枯墨表現「虛實」變化的突出例子。（註一一）就飛白書之藝術表現言，線條似斷實續，其墨彩黑中透白，十足表現了書法的另一番情趣。元趙孟頫「論畫竹詩」云：

> 石如飛白木如籀，寫竹還應八分通。若也有人能會此，須知書畫本來同。（註一二）

國畫上的山石，似如書法上的飛白書，一方面證明了書畫同源，另一方面也是「虛實」應用的延伸。

繪畫上的佈局，也時常運用「虛實」的原理。明董其昌「畫禪室隨筆」云：

> 其次須明虛實。虛實者各段中用筆之詳略也。有詳處必要有略處，實虛互用。疏則不深邃，密則不風韻，但審虛實以意取之，畫自奇矣。（註一三）

此董其昌以用筆之詳密疏略論佈局之虛實。清孔衍栻則以山水樹石與雲烟論虛實，其「石村畫訣」云：

> 山水樹石，實筆也；雲烟，虛筆也。以虛運實，實者亦虛，通幅皆有靈氣。（註一四）

畫山水樹石與雲烟，如何使其有靈氣，端在畫家「虛實」之巧佈，清笪重光「畫筌」亦云：

> 山實，虛之以烟靄；山虛，實之以亭臺。（註一五）

此專就山水畫裡，將烟靄與亭臺分虛實。然而不管佈局上之詳密疏略，或山水樹石與烟靄亭臺之巧佈，均為「虛實」之運用。而「虛實」是否運用得妙，又端在「虛」處活用。清范璣「過雲廬畫論」云：

畫有虛實處，虛處明，實處無不明矣。人知無筆墨處爲虛，不知實處亦不離虛，即如筆著於紙，有虛有實，筆始靈活，而況於境乎？（註一六）

繪畫之「虛實」運用，雖然要講求變化有致，然而能否將「虛實」之用臻於奧妙之極境，端在能否識得「虛」之奧妙處。常人只見有筆墨的實處，却見不到實處背後使畫面靈動鮮活的奇異力量——虛處，正如一般人只見實有的存在，惟獨老莊透視了「虛無」賦予實有存在的生機。這種「虛無」的體現，啓示了中國水墨繪畫的一片廣大空間，與無限的靈思。中國繪畫藝術裡之「留白」，更是「虛無」的極致發揮。清笪重光「畫筌」云：

山外清光何從著筆？空本難圖，實景清而空景現；神無可繪，眞境逼而神境生；位置相戾，有畫處多屬贅疣；虛實相生，無畫處皆成妙境。（註一七）

好個「無畫處皆成妙境」，將不著筆墨處的留白，蛻化成美妙境地，正是「縹妙虛無，咫尺間覺千萬里爲遙」，這是中國繪畫給觀賞者造成一種無限廣度感與深度感。（註一八）。這種在有限的畫紙上的留白，造成無限的延申，就哲理的省思上，正是展現宇宙自然的浩瀚無限，與人事上留人餘地的寬大容忍。就藝術觀賞上，留白的尺寸千里，使人感到精神上的徹底自由解放，與情思上的委婉低徊。所以，從「虛無」的作用而產生的留白藝術，無疑是將藝術與人生哲理結合的最佳寫照。

【附註】

註一　見魏源老子本義，頁一二。
註二　見三國誌卷二十八鍾會傳裴松之注，頁七九五。
註三　參見第三章第一節，莊子的本體論。
註四　參見莊子集釋成玄英疏，頁一四七。
註五　見莊子集釋陸德明釋文，頁一五一。
註六　見莊子集釋郭象注，頁一五一。
註七　以下參見青木正兒支那文學思想史，頁四〇九—四二二。
註八　見馮武書法正傳，頁五。
註九　見中國畫論類編，頁八四七。
註一〇　參見故宮文物創刊號江兆申「書與畫」，頁一〇三。
註一一　參見姜虁續書譜，頁一〇。
註一二　見中國畫論類編，頁一〇六三。

註一三　見中國畫論類編，頁七二七。
註一四　見中國畫論類編，頁九七六。
註一五　見中國畫論類編，頁八〇二。
註一六　見中國畫論類編，頁九一九。
註一七　見中國畫論類編，頁八〇九。
註一八　參見故宮文物十六期張清治「無畫處皆成妙境」，頁九三。

第二節　隱逸思想與山水畫之發展

一、隱逸之風與文藝創作

道家的思想是傾向出世的，遵奉道家思想的人，其行止往往是高蹈隱行。莊子本身就是一個高蹈的隱者。莊子讓王篇裡所記之許由、卞隨、瞀光等都是高蹈隱行的人物。因此，中國自古所形成的一般隱逸之風，似都與道家的思想息息相關。

莊子是一個追求徹底自由逍遙的人，因此主齊大小，泯是非，希望袪除人世界的一切相對待的藩籬。但是人生之於世，這一切人爲的相對待的藩籬，似乎又很難割除，所以只有遠離人群，放情於山水間，寄託於文學藝術中，以抒解胸中壘塊，所以日本漢學家青木正兒說：

高蹈的世界是浮世的紛擾、個人的失意所產生苦悶的解脫場所，在這場所裡，不用說絕對准許獨善，也卽擁有個人的自由。然而，獨善的生活，一面自覺意氣昂然的獨行心志，同時也不能不感到孤獨的寂寞。爲了慰藉空寂的高蹈主義者，最顯著的對象是清談、文藝、自然美與酒。（註一）

高蹈隱行的人物，一般說來均是性行高潔，智慧明徹的人物，他們固然能洞澈諸多人爲限制的枷鎖，在亂世時，對一切世俗之穢亂汚濁更不屑同流合汚，所以爲潔身自高，只有遠離世俗人群，放情於山水間。同時，他們也不願意如白痴般地渾噩一生，遂以文學、藝術作爲涵泳寄託的對象。就以中國的歷史發展視之，高蹈生活與文學藝術的結合，自魏晉以降，卽在藝壇上敲下響鐘。（註二）所以，道家人物固皆與隱行有關，而莊子企盼徹底自由的逍遙，與嚮往自然的渴求，無疑的更符合這些高蹈主義者的隱逸作風。同時，莊子書裡所透露的藝術精神的訊息，更啓示了這些隱逸者在文學藝術方面的積極創作。所以，莊子的哲學思想與其藝術精神，無疑的提供高蹈隱者最徹底自由的涵泳與寄託的場所。

二、山水畫之發展

中國繪畫觀念就如文學觀念一樣，早期是以教化功用爲主，即以兩漢的繪畫觀念而言，就強烈地反應這種現象。俞崑「中國繪畫史」記西漢之繪畫說：

漢代文運既盛，繪畫亦隨其步武而日新。政府大量利用繪畫爲政教之補助，而崇德紀功，尤以繪畫爲最善之方法。（註三）

又記東漢之繪畫說：

光武中興，武功既盛，文事亦隆，而又崇尙節義，宮中列古代聖賢帝后之像，以資觀感。（註四）

從以上二段文字來看，可知二點：一、繪畫爲政教之補助。二、繪畫以人物圖像爲主。這種現象一直到三國鼎立時，因殺伐相仍，民不聊生，王室士族既苦於戰亂，遂藉繪畫爲寄興自遣之具。（註五）這種以繪畫爲寄興自遣之具，可以說爲繪畫觀念的轉變初露曙光。到了兩晉，佛畫又介入中國繪畫的洪流裡，但是繪畫上還是以人物畫爲主。（註六）東晉顧愷之「畫雲台山記」雖專論山水之畫法，但其畫評所述還是以人物爲先，山水爲次。（註七）所以這時期的山水畫技法，既尙未成熟，也還不是繪畫的主流。唐張彥遠「歷代名畫記」中論「山水樹石」云：

魏晉以降，名迹在人間者，皆見之矣。其畫山水，則群峰之勢，若鈿飾犀櫛，或水不容泛，或人大於山，率皆附以樹石，暎帶其地。列植之狀，則若伸臂布指。（註八）「水不容泛」、「人大於山」顯現結構與透視上的尷尬。到了劉宋時代，宗炳、王微於人物畫之外，並工山水畫。宗王二人足迹所至，輒事圖寫，開中國寫景山水之先河。（註九）尤其宗炳在其「畫山水序」裡，特別提出畫家作畫，在於自暢其神，怡養情性之觀點，（註一〇）改變繪畫以教化爲目的繪畫觀念，更是中國繪畫史上的重大改變。

宗炳、王微啓開了中國山水繪畫之先河，以後嗣經唐宋諸大家的苦心經營，山水畫不但越來越發達，而且凌越了人物畫而成爲中國繪畫的主流。宋郭若虛「圖畫見聞志敍論」云：

若論佛道人物，仕女牛馬，則近不及古；若論山水林石，花竹禽魚，則古不及今。（註一一）

很顯然地，到了宋代，山水林石、花竹禽魚等代表自然景物之畫作，已駸駸乎凌駕於人物之上。所以，就中國繪畫史的發展軌迹尋繹之，由教化觀念的人物畫，轉變到自暢其神、怡養情性的山水畫，固然是潮流之所趨，但這一股潮流之背後，是否也有一股力量在推動呢？宋韓拙「山水純全集」後序云：

是以山水之妙，多專注於閒隱逸幽之流，名卿高蹈之士，悟空識性，明了燭物，得其趣者之所作也。況山水之樂，林泉之興，豈庸魯淺隸、闐闠鄙夫、惑於饕餮者之所爲哉？（註一二）。

韓拙這段話透露了山水畫與高蹈隱逸者間關係密切的訊息，也唯有高蹈隱逸之士才能識得山水之樂，悟得山水之妙。如前所述，高蹈隱逸者莫不寄情於文學藝術中，山水畫只是這類高蹈人物發揮才情慧性的一環。所以中國山水畫的勃興與發展，其背後的力量，正是這一股高蹈人物隱逸之風所促成的。

老莊思想形成了中國的隱逸之風，而隱逸之風又促成了中國山水畫的發展，所以老莊思想應與山水畫的發展息息相關。尤其，具有藝術精神的莊子，在山水畫的發展更具舉足輕重的地位。莊子與惠子遊於濠梁之上而知魚之樂，（秋水篇）其釣於濮水之上婉拒楚王之聘，而寧「曳尾塗中」，（秋水篇）在在顯示出具嚮往自然的藝術性格。而「莊周夢蝶」之物化，與自然融合爲一的境界，更是藝術化的極致。以這樣渾身深具自然氣息，甚或與自然分不出彼此的特有性格，自會將大自然當做安身立命之所。其所影響者，當然不止於高蹈人物的隱逸風氣，以自然爲師的山水畫，更與莊子的藝術精神息息相關。

【附註】

註一　參見中華文化復興月刊十二卷十期，青木正兒著鄭峰明譯道家的文藝思潮。
註二　同前。
註三　見俞崑中國繪畫史，頁一五。
註四　見俞崑中國繪畫史，頁一九。
註五　參見俞崑中國繪畫史，頁三五。
註六　參見俞崑中國繪畫史，頁三〇。
註七　參見俞崑中國繪畫史，頁三九及頁四三。
註八　見中國畫論類編，頁六〇三。
註九　見俞崑中國繪畫史，頁四九。
註一〇　見俞崑中國繪畫史，頁五四。
註一一　見中國畫論類編，頁六一。
註一二　見中國畫論類編，頁六八〇。

第三節　眞樸的化身——陶淵明及其文學藝術

前章論及莊子藝術精神的標的，卽指陳自然就是莊子藝術精神的最高境界，而自然所顯現出來的特徵，就是眞樸，也卽保持自然渾沌狀態的純素。莊子這種眞樸的藝術內涵，到了晉季竟出現了一尊鮮活純潔的化身——陶淵明及其文學藝術。這一尊化身，固然是莊子藝術精神的證驗，同時也開啓了中國文學藝術的一片新境界。

陶淵明一名潛，字元亮，江西潯陽柴桑人，晉哀帝興寧三年生（卽西元三六五年生），宋文帝元嘉四年卒（卽西元四二七年卒）（註一）陶淵明之生活及其作品，大致分爲前後期，而以晉安帝義熙元年（西元四〇五年）爲界，亦卽陶淵明辭彭澤令，賦歸去來辭，決心立卽歸隱，爲其作品之分水嶺。前期生活，時仕時隱，人生指標未定，所以此際之作品，無論質量及技巧，都不能與後期的作品相比。（註二）至於後期歸隱田園後之作品，表現生活中的眞樸，可說都是陶詩中的珠玉。

陶詩的特色，在於無當時駢麗雕琢之陋習，而返於自然平淡，所以朱子語類說：「陶淵明詩平淡出於自然，後人學他平淡，便相去遠矣。」沈德潛「說詩晬語」也說：「陶詩合乎自然，不可及之處在眞與厚。」（註三）由此可見，自然的平淡正是陶詩的特色，而這種特色，看似容易，其實是很高遠的境界，乃一般人所不可企及。然而陶詩的自然平淡，却不合當時流行的唯美文風，所以鍾嶸「詩品」僅列爲中品，但對陶詩的文學藝術却有極妥切的評論，鍾嶸「詩品」云：

文體省淨，殆無長語。篤意眞古，辭興婉愜，每觀其文，想其人德，世嘆其質直。至如『歡言酌春酒』、『日暮天無雲』，風華淸靡，豈直爲田家語耶，古今隱逸詩人之宗也。（註四）

「文體省淨」「篤意眞古」道出了陶詩特有的風格，而「每觀其文，想其人德。」更說明陶詩將人品與作品融合爲一的一大特色，所以「中國文學發展史」評論陶詩說：

他的作品，個性分明、情感眞實、理想高遠、語言純樸，而富於藝術的鮮明形象。他的特色，是能將他的人生思想的全部，和他的作品溶成一片，使他的人格和作品，成爲那個時代歷史條件下的最高典型。（註五）

陶詩將人品與作品溶成一片，正是爲人所難企及的特色，而這種特色，也正是自然天機眞樸的流露，如他的飲酒詩：

結廬在人境，而無車馬喧。問君何能爾？心遠地自偏。採菊東籬下，悠然見南山。山氣日夕佳，飛鳥相與還。此中有眞意，欲辨已忘言。

秋菊有佳色，裛露掇其英。汎此忘憂物，遠我遺世情。一觴雖獨進，杯盡壺自傾。日入群動息，歸鳥趨林鳴。嘯傲東軒下，聊復得此生。

從這兩首飲酒詩裡所表達的眞樸境界，很顯然的已分辨不出什麼是詩？什麼是生活。也可以說他的生活就是詩，他的詩就是他的生活。這種平淡生活中不經意的吟詠，自是道出自然的天籟。其他之詩作如：「有風自南，翼彼新苗」、「平疇交遠風，良苗亦懷新。」、「鳥弄歡新節，冷風送餘善。」「衆鳥欣有託，吾亦愛吾廬。」等諸句都含有冥忘物我，和氣同流的妙諦。（註六）陶詩能將作品與人格融裁爲一，而臻冥忘物我，正有莊子之「物化」意境，所以朱光潛說：

淵明打破了現在的界限，也打破了切身利害相關底小天地界限，他的世界中，人與物以及人與我的分別都已化除，只是一團和氣，普運周流，人我物在一體同仁底狀態中各倘佯自得，如莊子所說底「魚相與忘於江湖」。（註七）

陶淵明將「他的世界中，人與物以及人與我的分別都已化除。」正是莊子「天地與我並生，萬物與我爲一」的體道意境，而其生活與作品平淡自然所呈現的自然天機——眞樸，也正是莊子藝術精神的呈現。陶淵明的思想，陳寅恪說他「外儒內道，捨釋迦而宗天師者也。」

（註八）一般則均認爲陶淵明的思想裡集有儒釋道三家的精華而去其糟粕。（註九）然而，或許正如葉嘉瑩女士所說：「淵明之本色，乃是如日光七彩融爲一白，有七彩之含蘊，而又有一白之融貫，這種既豐美復精淳的本色，正是淵明的特色。」（註一〇）陶淵明的思想或許很豐富，但他能融七彩爲一白，正是「豪華落盡見眞淳」，陶淵明表現於生活及其作品之單一純白，竟然與莊子的藝術精神這麼吻合，顯然地兩者間應有氣息相通。也許天下至理只有一個，只是莊子體現於前，陶淵明應證於後，他們都能將這種崇高的藝術精神發揮得淋漓盡致。所以，陶淵明及其文學藝術，使我們具體地看到莊子的藝術精神，也使我們對莊子的藝術精神的實踐帶來了無比的信心。

【附註】

註一　以上參見葉慶炳中國文學史，頁一一三。

註二　以上參見葉慶炳中國文學史，頁一一五。

註三　以上參見葉慶炳中國文學史，頁一一七。

註四　見陳延傑詩品注，頁二五。

註五　見中國文學發展史，頁二七一。

註　六　以上參見朱光潛詩論，頁二四二。
註　七　見朱光潛詩論，頁二四六。
註　八　見朱光潛詩論，頁二四〇所引。
註　九　參見中國文學發展史，頁二七三。
註一〇　見葉嘉瑩迦陵談詩上，頁二四七。

第四節　坐忘與不朽藝術

在莊子的藝術精神一文中，論及莊子所言之「坐忘」，不但是莊子體道時之心境，也是藝術創作時之精神狀態。以後世書畫家創作不朽的藝術品證之，「坐忘」正是創作不朽藝術品時所需具有的一種精神狀態。卽以「顏魯公之祭姪文稿」言之，此卷草稿清人徐乾學評爲「顏書第一」，（註一一）顏魯公乃忠臣巨儒，其書體奇偉沈雄，筆力渾厚內斂，乃有唐一大書家，「祭姪文稿」既爲顏書第一，其藝術價值自無與倫比。「祭姪文稿」何以能在顏書作品中位居翹楚？清人王頊齡云：

魯公忠義光日月，書法冠唐賢，片紙隻字是爲傳世之寶，況祭姪文尤爲忠憤所激發，至情所鬱結，豈止筆墨精妙可以振鑠千古者乎？（註二）

顏魯公書寫「祭姪文稿」之背景，乃安史之亂時，魯公之從兄顏杲卿死守常山城，「賊臣不救，孤臣圖逼。」終至城陷，父子被俘，賊以刃加季明頸上，欲迫杲卿降伏未果，季明遂被殺害，杲卿亦被囚送洛陽，大罵安祿山而死。（註三）此稿卽魯公聞常山失陷，季明遇害，旣痛失山河，又憫悼至親，魯公斯時素蘊之忠義至情，遂源源不絕躍乎紙上，不暇計及字之良窳。故雖滿紙塗塗抹抹，然而忠義貫日月，至情泣天地，而其字流麗雄渾，神韻天成，所以宋人張晏於觀賞「祭姪文稿」後記云：

嘗會諸賢品題，以爲告不如書簡，書簡不如起草。蓋以告是官作，雖端楷，終爲繩約。書簡出於一時之意興，則頗能放縱矣。而起草又出於無心，是其心手兩忘，眞妙見於此也。（註四）

顏魯公起草「祭姪文稿」，乃出於無心，意在文而不在字，是以書寫時心手兩忘，這不正與莊子「坐忘」時之「無己」狀態相吻合麼？而魯公平素所修蘊之忠義精神與人倫至情，在起草文稿時，一刹那間迸躍奔騰，這不也與莊子「坐忘」時之體道相通麼？所以，此種「坐忘」時之創作心境，正是顏魯公「祭姪文稿」成爲不朽藝術之泉源。我國另一部書蹟聖品——

王羲之「蘭亭序」，其產生之緣由，亦端在「坐忘」時之心境。唐何延之「蘭亭記」云：

晉穆帝永和九年三月三日，四十一人同遊於山陰蘭亭，逸少製序，酒酣興樂而書，用鼠鬚筆，蠶繭紙，遒媚勁健，絕代更無，凡二十八行、三百二十四字，字有重者，皆構別體，就中之字最多，乃有二十許箇，變轉悉異，其時似有神助，醒後他日更書數十百本，皆不如，右軍亦自惜之，留付子孫。（註五）

王羲之書寫「蘭亭序」時，正是「酒酣興樂」，也即是大樂至極，已達儘情忘我之境。此刻不遣是非，不計名利，字之良窳自是無掛於心，信手搦管直書，自然似有神助。王羲之書寫「蘭亭序」時，雖無顏魯公忠義至情之蘊藉，然其名士風流之倜儻清逸亦流露無已。所以儘管王羲之在酒醒後再書寫數十百本，皆不如，蓋王羲之書寫技巧雖如一，然已無當時創作時之心境矣。此種心境，明人詹景鳳評蘇東坡「寒食帖」亦有類似之論述，其云：

英爽高邁，超入神妙。蓋以之內觀其心，心無其心；外觀其筆，筆無其筆。即坡亦不知其手之所以至，與生平所作大殊絕。（註六）

「心無其心」「筆無其筆」「不知其手之所以至」，正是藝術創作時之最佳狀態，此也正是莊子體道時之「坐忘」境界。自王羲之「蘭亭序」，顏魯公「祭姪文稿」，以及蘇東坡「寒食帖」，這三件書法史上的聖品名蹟之所以能成為不朽藝術，正是創作者源自莊子所體現之「坐忘」心境。莊子探賾索微而揭示的藝術精神，也可在後世所創作的不朽藝術中得到證驗。

【附　註】

註一　見故宮法書顏眞卿祭姪文稿，頁一〇。
註二　見故宮法書顏眞卿祭姪文稿，頁九。
註三　參見書道藝術第四卷顏眞卿、柳公權，頁九五。
註四　見故宮法書顏眞卿祭姪文稿，頁六。
註五　見馮武書法正傳，頁六四。
註六　見石峻書畫論稿，頁八〇。

第五節　化腐朽爲神奇——缺陷美的藝術觀

什麼是「美」？什麼是「醜」？朱光潛先生在文藝心理學中將其歸納爲二點：（註一）

一、「美」是使人發生快感的，「醜」是使人發生不快感的。

二、「美」是事物的常態；「醜」是事物的變態。

依此分類，屬於常態的，能使人發生快感的便是「美」，如宋玉描寫美人說：「增之一分則太長，減之一分則太短，著粉則太白，施朱則太赤。」（登徒子好色賦）像如此之恰到好處，一般人便認爲美。反之，要是違反常態的耳聾、口給、面痲、頸腫、背駝、足跛等便是「醜」。（註二）但是屬於常態的「美」是否就是藝術呢？答案並不一定，如單調的音樂，聽起來很悅耳，但是不能引起深刻的情緒；許多甜蜜的小說，讀起來暫時很快意，但是毫無藝術價值。（註三）至於變態的「醜」是不是就毫無藝術價值？答案也是不一定。莊子人間世描寫支離疏，就啓示了缺陷美的藝術價值。莊子人間世云：

支離疏者，頤隱於齊，肩高於頂，會撮指天，五管在上，兩髀爲脅。

莊子這段描繪支離疏的殘缺，短短只用了二十字，即能使其殘缺形狀，描繪得栩栩如生，眞正發揮了最高妙的文學藝術，同時，莊子所描繪的素材，不是引人贊美的大美人，而是身體殘缺的變態醜，但是我們看了這段描繪，不但不會有憎惡之感，反而有一股忍俊不住的快感，這一股快感不是嘲弄，而是一種滑稽與憐憫的綜合感覺。所以莊子這段化腐朽爲神奇的缺陷美的描寫，實深具藝術價值。關於這種缺陷美，朱光潛先生文藝心理學裡也有一段說明，他說：

自然醜也可以化爲藝術美，莎士比亞的全部悲劇都描繪惡人和惡事，莫里哀的全部喜劇都描寫醜事醜人，但在藝術上都是登峰造極的作品。從前藝術家大半都怕用醜材料，近代藝術家才知道化自然醜爲藝術美爲難能可貴。荷蘭畫家冉伯喜歡描寫老朽，西班牙畫家浮勒斯克茲喜歡描寫殘廢，雕刻家羅丹和愛樸斯丹尤其喜歡用醜陋的模型。（註四）

這段話說明了藝術的素材與藝術的形式，並不一定要採用自然美。透過藝術家的慧心巧運，將藝術素材賦予新生命與新意義，很多自然醜都可以化爲藝術美。莊子德充符篇裡即列舉一些身體殘缺的自然醜，來申論其「宜內充其德，而無務飾其形」的哲學深意，同時在藝術精神上也暗示了宜重視其藝術內涵，而非粉飾藝術表層，茲舉德充符篇記惡人哀駘它說明之，德充符篇云：

衞有惡人焉，曰哀駘它。丈夫與之處者，思而不能去也。婦人見之，請於父母曰：『與人爲妻寧爲夫子妾』者，十數而未止也。未嘗有聞其唱者也，常和人而已矣。無君人之位以濟乎人之死，無聚祿以望人之腹。又以惡駭天下，和而不唱，知不出乎四域，且而雌雄合乎前。是必有異乎人者也。寡人召而觀之，果以惡駭天下。與寡人處，不至以月數，而寡人有意乎其爲人也；不至乎期年，而寡人信之。國無宰，寡人傳國焉。

悶然而後應，氾而若辭。寡人醜乎，卒授之國。無幾何也，去寡人而行，寡人卹焉若有亡也，若無與樂是國也。是何人者也？

林紓注此段說：「非其德充於內，萬無感人之道。故丈夫思之，衆婦妾之。」（註五）

是以身體殘缺並不足畏，德充於內，人自會思之，親之！同樣地，藝術之素材與形式是否美醜並重要，最重要的是要有深刻的內涵，才能移人情思，才能令人愛不釋手。所以，莊子這種化腐朽爲神奇的缺陷美的藝術觀，雖然西洋近代美學也有相似的理論，但莊子却在二千年前就發現了這層道理，自然深深影響了很多中國藝術家的創作。譬如中國山水畫裡常常畫出山崖峭壁中點綴幾棵禿柏老松，險峻的山崖峭壁，令人覺得心驚肉跳，禿柏老松則令人覺得孤寂蒼涼，兩者都是屬於自然醜。但是山崖峭壁與禿柏老松的組合，透過水墨淋漓盡致的暈染，却能表現了在惡劣環境下旺盛的生命力，而能使人感受到傲骨的凜然與蓬勃的生機。因此，在中國的水墨畫裡如能善用自然醜，常常能畫出高妙的意境來，所以當代畫家江兆申先生論國畫之章法時說：

美的不能盡美，有時用醜來形容美；顯的不能盡顯，有時用晦來形容顯；曲的不能盡曲，有時用直來形容曲。剪接裁融，使一切歸於妥貼，此之謂章法。（註六）

此段用對比或襯托來佈置章法，善用「醜」來表現「美」即是其中之一，國畫裡常常在姹紫嫣紅的花叢下襯以醜石，也正是這個道理。所以，鳥語花香或花團錦簇的畫作，美則美矣，未必具有藝術價值。淒風苦雨中的歸人，蕭瑟林木下的旅人，或許更能引起人心的震撼。喜劇固令人愉悅，但悲劇才能使人迴腸盪氣，三日繞樑。所以，常態的、令人發生快感的，固是藝術創作的素材，但能化腐朽爲神奇，將變態的、令人發生不快感的素材，能創造爲不朽藝術，或許更能表現出藝術家的慧心獨運。

【附　註】

註一　見朱光潛文藝心理學，頁一四三。
註二　以上參見朱光潛文藝心理學，頁一四四。
註三　以上參見朱光潛文藝心理學，頁一四三。
註四　見朱光潛文藝心理學，頁一四二。
註五　見林紓莊子淺說，頁一六三。
註六　見故宮文物創刊號江兆申書與畫，頁一〇六。

第六章　結　論

莊子天下篇云：「以天下為沈濁，不可與莊語，以巵言為曼言，以重言為眞，以寓言為廣。」由此可知，莊子著書出之以巵言、重言、寓言，所以莊子思想之表現方式，時而正言若反，時而借古寓今，或反覆譬喻，不見端倪！或支離曼衍，莫可究詰。有時看似荒唐，卻蘊含至理；有時隨意指說，卻寄意渺遠。總之，莊子思想之表現方式有其獨特風格，也正因為這種獨特風格，使後人難以廓清其思想風貌，更難以深究其神髓。雖如此，二千年來，嗜莊者衆，注莊者亦無慮數十家，然大抵見仁見智，或稱揚，或詆毀，或比附於儒，或以釋解莊，雖不無有得，然亦難免「多得一察焉以自好」，今試將前人仁智之見大略歸類於左：

一、稱揚莊子者：

自秦漢以後，善讀莊子者首推司馬談與司馬遷父子。司馬談論六家要旨云：「道家使人精神專一，動合無形，贍足萬物。其為術也，因陰陽之大順，采儒墨之善，撮名法之要，與時遷移，應物變化，立俗施事，無所不宜，指約而易操，事少而功多。」（註一）此雖以道家極力稱揚之，然又觀史遷云：「莊子散道德，放論，要亦歸之自然。」又云：「其著書十萬餘言，大抵率寓言也。」（註二）由此可知史遷父子是知莊子者也。然漢初盛行黃老，漢武之後，又定儒於一尊，故終漢之世，雖詩文辭賦受莊子影響者甚多，始終罕見稱揚莊子者，惟獨班嗣者，著報桓譚書，獨尊莊子，貶抑儒術，爲漢代莊學發展過程中之特殊現象。（註三）迨及魏晉之際，學者多以老莊爲清談之資，當時達官名士，多宗老莊，其中能通莊子哲理者，則阮籍、向秀、郭象爲佼佼者。阮籍著有「達莊論」一篇，闡釋莊子「天地與我並生，萬物與我爲一。」之義。（註四）向、郭均有注莊之功，而郭注雖有竊自向注之說，然其集大成對莊學之闡揚光大，實與有功焉。及至唐代，既祖老聃爲玄元皇帝，老莊爲世俗通稱，亦尊莊子爲南華眞人。故唐代之尊崇老莊，較漢代之尊尚孔子，尤過之而無不及焉。（註五）此際注莊子較著者有陸德明釋文二十卷，成玄英疏十卷。自唐之後，尊莊好莊者日衆，注家亦多。若宋代之治莊學者，除蘇軾及王介甫父子外，尚有王應麟、王晳、褚伯秀、林希逸等輩，（註六）明代崇莊學者頗多，如楊愼、朱得之、陸長庚、沈一貫、焦竑等爲其最著者。朱得之著莊子通義十卷，其自序云：「是故求文辭於先秦之前，莊子而已；求道德於三代之季，莊子而已。」（註七）對莊子可謂崇揚有加。清代研莊者亦多，較著者有宣穎、林仲銘、王懋竑、姚惜抱、王念孫等輩。王夫之篤嗜莊子，著有莊子解、莊子通，志在去除前人以儒佛二家之說對莊子的附會，亦能多立新義，實是覃精之作。（註八）另曾國藩亦崇仰莊學，其聖哲畫像記以莊子與周公、孔子同列，亦時與史遷、柳州相提並論。（註九）以上僅略述歷代好莊攻莊者，或闡明其意旨，或考證注疏其文句，大抵均能闡揚發明莊子之思想。

二、詆毀莊子者：

歷代詆毀莊子者，不外乎以聖學立場力斥莊子荒廢人倫大道，以及認爲莊學卑弱、放縱，乃衰世之學。若宋人葉適著「莊子」一文云：

> 知聖人最深，而玩聖人最甚，不得志於當世，而放意狂言，其怨懟之切異於屈原者鮮矣。然而人道之倫顚錯而不叙，事物之情遺落而不理，以養生送死飢食渴飲之大節，而付之儻蕩不羈之人，小足以亡身，大足以亡天下，流患蓋未已也。（註一〇）

葉氏痛詆莊子「小足以亡身，大足以亡天下。」簡直視莊子爲毒蛇猛獸。另高似孫著子略，亦論及莊子，謂其「率以荒怪詭誕，狂肆虛渺，不近人情之說，瞽亂而自呼。至於法度森嚴，文辭雋健，自作瓌新，亦一代之奇才乎！」高氏雖訾詆其學說，然對莊子文辭則極稱美之。（註一一）又宋人黃震直斥莊子爲「亂世之書，其所以變亂天下之常者。」惟黃氏亦稱莊子「以不羈之材，肆跌宕之說。」「固千萬世詼諧小說之祖也。」對莊子之文筆與才情亦極贊美之。（註一二）另外亦有指斥莊學之流弊者，如清洪亮吉以歷史眼光謂「莊子列子則下導釋氏，啓魏晉六朝之亂者也。」及陳蘭甫提出莫誤於卑弱放縱，以爲「好老、莊者戒」，（註一三）凡此均將莊子與老、列並排而指陳其所衍生之流弊。

三、比附於儒者

對於莊子思想之看法，固然有人從儒學立場訾詆莊子之非，然亦有人將莊子比附於儒家弟子，其思想不但不與儒學牴牾，甚或認爲莊子有助於儒學之發揚。唐韓愈送王秀才序（或作送王塤序）云：「蓋子夏之學，其後有田子方，子方之後，流而爲莊周，故莊之書喜稱子方之爲人。」（註一四）以紹述聖學爲己任之韓愈直指莊周爲子夏所傳之後學。另宋蘇軾「莊子祠堂記」以爲史記謂莊子詆訾孔子之徒，明老子之術者，知莊子之粗者也。莊子之言，皆實予而文不予，陽擠而陰助之。（註一五）蘇軾主莊子對於孔子乃「陽擠而陰助之。」實是言人所未言。又明焦竑「莊子翼」序云：

> 豈孔孟之言詳於有，而老莊詳於無，疑其有不同者歟？嗟乎！孔孟非不言無也，無即寓於有。而孔孟也者，始因世之所明者引之，所謂下學而上達者也。彼老莊生其時，見夫孔孟之學者局於有，而達焉者之寡也，以爲必通乎無，而後可以用有，於焉取其所略者而詳之，以庶幾乎助孔孟之所不及。（註一六）

焦氏以孔孟從有通無，老莊從無通有，四者詞異而意通，且老莊乃「庶幾乎助孔孟之所不及。」又清人劉鴻典著「莊子約解」，其自序云：「莊子之尊孔，其功不在孟子下。」又云：「孔子之言性與天道，不可得聞，而心齋坐忘，直揭孔顏相契之旨。」（註一七）劉氏指莊子不但尊孔，且莊書旨意與孔顏相契。

四、以釋解莊者

明人陸長庚著莊子「南華經副墨」，以釋解莊，爲後世莊學別闢途徑。釋德清著「觀老莊影響論」，每引佛說，以證老莊。方以智著「藥地炮莊」，雖有新解，而間雜佛說，大抵欲援道入釋。（註一八）又近代國學大師章太炎精訓詁及佛乘，運用唯識以解莊子，著有「齊物論釋定本」，即爲使莊子哲學唯識化之代表作。（註一九）

以上所述，僅將歷代對莊學之看法及詮釋略分四類，儘管是仁智之見，然大抵均能覃思精研，而具一得之見，然而若是稱揚過甚，奉之如神明；抑或訾詆如毒蛇猛獸，此皆屬師心作祟而喜怒爲用，自然有失公允。至若將莊子比附於儒學，要知老莊是道，孔孟是儒，兩者涇渭分明，自不能混爲一談。至於以釋解莊，若是理有相通，自無不可，然若妄加以佛強解，恐要失去莊學原有面貌。然而，不管如何，前賢闡莊解莊之功，實不可泯沒。余性愚鈍，以莊文之詭譎幻化，寄意玄遠，自難窺其堂奧，僅以研究本論文所得，提出二點拙見以作結論：

㈠自來常把莊子視爲衰世之學，此種看法是否公允，實在值得商榷。王先謙爲莊子集釋作序云：「且其書嘗暴著於後矣。晉演爲玄學，無解於胡羯之氛；唐尊爲眞經，無救於安史之禍。」（註二〇）若此將衰世之亂，歸咎於莊子，實是倒因爲果。要知魚枯生蠹，肉腐生蟲，蓋胡羯昌熾與安史之禍，均是政治與社會之腐弊，導致人心之惶亂與空虛，莊學適足以寄託人心而安頓人生。正如人之罹患重病，適有一特效藥解其病痛，然而豈可謂特效藥乃致病之因哉？因之，以莊學「嘗暴著於後矣」，實非持平之論。再者就莊子本人哲理視之，雖亦有治道之論，然其反對智慧，掊擊聖智，而崇尚羲皇「含脯而熙，鼓腹而遊。」之世界，固有其理想境界，證之文明之進化，人事制作益盛，正如人之自嬰兒長大成人，自難還其嬰兒身矣。因之，日人兒島獻吉郎云：「論者謂其（莊子）目的在嘲世猶可，謂在遁世則不可；謂在玩世猶可，謂在拯世則不可。」（註二一）今人黃錦鋐先生亦云：「莊子尙虛，云至人無己，獨與天地精神相往來。可資以避世，不適於治道。」（註二二）由此可知，莊學不適於治道亦明矣。莊學既不是致亂之因，亦不適於治道，因此莊子一書決不能以經世濟民之學視之。雖如此，莊子之泯是非、反對待、滅我執，對開拓心胸，消泯人我爭執，實是靈丹妙藥。同時，人類文明制作過盛，固然提高人類之物質生活，但相對地也帶來物欲橫流。王先謙於莊子集釋作序云：「子貢爲挈水之槔，而漢陰丈人笑之，今之機械機事，倍於槔者相萬也。」誠哉斯言！今之機械機事確倍於槔者相萬，人欲之貪鄙狡詐亦日甚一日，莊子之「全眞養性，不以物累。」對於物欲之橫流，人心之狡詐，不但具有抑制作用，且可消弭於無形。因此，莊學雖無用於治道，然其「修身自玩，縱沃其心，學歸淡泊。」（註二三）實亦有裨益於世道人心。

㈡莊子一書不論其思想或文體均影響後世甚深，此早有定論。若史學大師兼文學巨擘司馬遷即稱贊莊子「善屬書離辭，指事類情。」（史記老莊申韓列傳）明方正學云：「莊子神於文者，非工於文者所可及也。」（註二四）又清董思凝云：「夫南華之文，縱橫馳騁，莫可端倪。」（註二五）宣穎稱「莊子之文長於譬喻。」（註二六）王先謙稱莊文「絕奇」（莊子集釋序），即以宋人高似孫、黃震訾詆莊子思想之非，也不得不稱揚莊子乃一代奇才。莊子之文如此精醇玄妙，故其影響後世甚爲深遠，即以文起八代之衰而紹述聖學爲己任之韓愈，其得之於莊子亦不淺。（註二七）因之，歷代論莊子文及其文學影響者衆矣，惟近世自藝術一詞流行以來，又注意及莊子藝術精神之研究。若熊廷柱發表「藝術家的莊子」一文，專就生活藝術方面分析莊子言行。（註二八）近人徐復觀先生著「中國藝術精神」一書，以中國藝術精神主體呈現析論莊子之藝術精神。又近代論及中國山水畫之論著，無不肯定莊子與中國山水畫發展的深切關係，若陳明玉先生之「中國山水畫與老莊思想」一文，即爲此類代表作。（註二九）又黃錦鋐先生著「莊子的共通律及其對文學理論之影響」，雖以文學例證論之，然其所歸納之「天人共通，物我共通，有無共通」，未嘗不可運用於藝術創作。（註三〇）所以雖云對文學理論之影響，事實上亦可闡明對藝術創作之影響。另林祖亮先生亦發表「莊子對文學藝術之影響」一文，從哲學思想與文學藝術之創造，具有共同的來源——心靈，來論述莊子思想對文學藝術之影響，亦頗具見地。（註三一）又顏崑陽先生亦以「莊子藝術精神析論」作其博士研究論文。因此，綜上所述，可知莊子一書除對文學之深遠影響外，對於莊子藝術精神之研究，已逐漸受到藝文界與學術界的廣泛關注。這類的研究與關注，固然是代表莊學另一層次的展現，也是研究莊學者有待努力開拓的一片園地。

【附　註】

註　一　見史記卷一百三十太史公自序。

註　二　見史記卷六十三老莊申韓列傳。

註　三　參見黃錦鋐莊子及其文學，頁一五四。

註　四　參見同前，頁一六七。

註　五　參見郎擎霄莊子學案第十三章歷代莊學評述，頁三三〇。

註　六　參見同前，頁三三六。

註　七　參見同前，頁三四一。

註　八　見王夫之莊子解點校說明，頁二。
註　九　參曾文正公詩文集聖哲畫像記，頁一三九。
註一〇　見葉適水心文集，頁七一一。
註一一　參見郎擎霄莊子學案第十三章歷代莊學評述，頁三三八。
註一二　參見同前，頁三三九。
註一三　以上參見同前，頁三五三、三五九。
註一四　見韓愈文集送王秀才序，頁一五二。
註一五　見蘇東坡全集莊子祠堂記，頁三九一。
註一六　見焦竑莊子翼序，頁二。
註一七　參見郎擎霄莊子學案第十三章歷代莊學評述，頁三五八。
註一八　以上參見同前，頁三四三。
註一九　參見同前，頁三六七。
註二〇　見莊子集釋王先謙序。
註二一　見兒島獻吉郎諸子百家考，頁二四四。
註二二　見黃錦鋐莊子及其文學，頁一五〇。

註二三　見兒島獻吉郎諸子百家考，頁二四三。
註二四　見王夫之莊子解董思凝序所引。
註二五　見王夫之莊子解董思凝序。
註二六　見宣穎南華經解，頁五。
註二七　參見郎擎霄莊子學案，頁二二六。
註二八　參見國立中央大學半月刊第一卷第十期。
註二九　見台大文學院文史哲學報二十六期。
註三〇　見中華文化復興月刊第十四卷第十期。
註三一　見中華文化復興月刊第十一卷第十一期。

參考書目

一、莊子部

莊子　莊周　中華書局　民國五十七年八月
莊子解　王夫之　河洛圖書公司　民國六十七年九月
莊子南華經解　宣穎　宏業書局　民國六十六年六月
莊子翼　焦竑　廣文書局　民國六十八年六月
藥地炮莊　方以智　廣文書局　民國六十四年四月
觀老莊影響論　釋德清　廣文書局　民國六十三年六月
莊子集釋　郭慶藩　木鐸出版社　民國七十一年九月
莊子集解　王先謙　商務印書館　民國五十八年十月
莊子南華經副墨　陸西星　自由出版社　民國六十二年十二月
齊物論釋定本　章太炎　廣文書局　民國五十九年十月

莊子淺說　林紓　華正書局　民國六十四年四月
莊子研究　葉國慶　木鐸出版社　民國七十一年九月
莊子哲學　曹受坤　木鐸出版社　民國七十年九月
莊子學案　郎擎霄　河洛圖書公司　民國六十三年十二月
莊子今箋　高亨　中華書局　民國六十二年四月
莊子新釋　張默生　漢華文化事業公司　民國七十二年九月
莊子天下篇講疏　顧實　商務印書館　民國六十九年十二月
莊子及其文學　黃錦鋐　東大圖書公司　民國六十六年七月
莊子　鈴木修次　清水書院　昭和五十三年三月
莊子讀本　黃錦鋐　三民書局　民國六十三年一月
中國歷代思想家——莊子　黃錦鋐　商務印書館　民國六十七年十二月
莊子的寓言世界　顏崑陽　尚友出版社　民國七十一年二月
老莊思想論文集　王煜　聯經出版公司　民國六十八年十二月

二、一般參考書目

左傳　十三經注疏本　藝文印書館

史記　司馬遷　大申書局　民國七十一年十二月
漢書　班固　大申書局　民國七十一年十二月
三國志　陳壽　大申書局　民國七十一年十二月
漢書藝文志問答　正中書局編審委員會　正中書局　民國五十八年七月
標點本論衡　王充　學人雜誌社　民國六十年一月
說文解字注　段玉裁　黎明文化事業公司　民國六十四年十月
四書集注　朱熹　世界書局　民國五十六年九月
荀子集解　王先謙　世界書局　民國五十九年十月
韓昌黎集　韓愈　河洛圖書公司　民國六十四年三月
蘇東坡文集　蘇軾　河洛圖書公司　民國六十四年九月
水心文集　葉適　河洛圖書公司　民國六十四年五月
老子本義　魏源　華聯出版社　民國五十八年十二月
老子正詁　高亨　開明書店　民國五十七年三月
老子達解　嚴靈峰　藝文印書館　民國六十年十月
列子校釋　陶光　河洛圖書公司　民國六十四年十月

公孫龍子集釋　陳柱　河洛圖書公司　民國六十九年八月
呂氏春秋新校正　畢沅校　世界書局　民國四十四年十一月
世說新語校箋　楊勇　明倫出版社　民國五十九年九月
中國古代哲學史　胡適　商務印書館　民國六十五年九月
中國哲學史　馮友蘭
中國學術思想大綱　林尹　東方書局　民國四十四年七月
先秦七大哲學家　韋政通　牧童出版社　民國六十八年
諸子百家考　兒島獻吉郎著　陳清泉譯　商務印書館　民國六十三年六月
周易鄭氏學　胡自逢　嘉新水泥公司　民國五十八年八月
僞書通考　張心澂　宏業書局　民國六十四年六月
中國古代書史　錢存訓　香港中文大學　一九七五年三月
古史辨　明倫出版社　民國五十九年三月
曾文正公詩文集　曾國藩　商務印書館　民國五十九年七月
詩論　朱光潛　漢京文化事業公司　民國七十一年十二月
詩品注　陳延傑　開明書局　民國五十九年三月

迦陵談詩　葉嘉瑩　三民書局　民國六十年二月
文藝心理學　朱光潛　鴻儒書坊　民國五十六年六月
生活的藝術　林語堂　德華出版社　民國六十九年六月
中國藝術精神　徐復觀　學生書局　民國七十年三月
藝術概論　虞君質　大中國圖書公司　民國七十年八月
生活的藝術　W. A. Peterson 著　吳奚眞、侯健譯　學生英語文摘社　民國五十八年十月
中國文學史　葉慶炳　弘道文化事業有限公司　民國六十三年一月
中國文學發展史　華正書局編輯部　華正書局　民國七十二年五月
支那文學思想史　青木正兒　岩波書局　昭和十八年四月
中國繪畫史　俞崑　華正書局　民國六十四年九月
中國畫論類編　河洛編審部　河洛圖書公司　民國六十四年五月
書畫論稿　石峻　華正書局　民國七十一年十月
顏眞卿祭姪文稿　故宮博物院　民國六十二年八月
書道藝術第四卷顏眞卿、柳公權　藝術圖書公司　民國六十五年七月
續書譜　姜夔　聯貫出版社　民國六十二年六月

書法正傳　馮武　商務印書館　民國五十九年一月

三、單篇論文

郭象莊子注是否竊目向秀檢討　楊明照　燕京學報二十八期
藝術家的莊子　熊廷柱　國立中央大學半月刊一卷十期
中國山水畫與老莊思想　陳明玉　台大文學院、文史哲學報二十六期
莊子的共通律及其對文學理論之影響　黃錦鋐　中華文化復興月刊十四卷十期
莊子對文學藝術之影響　林祖亮　中華文化復興月刊十一卷十一期
書與畫　江兆申　故宮文物創刊號
無畫處皆成妙境　張清治　故宮文物十六期
道家的文藝思潮　青木正兒著　鄭峰明譯　中華文化復興月刊十二卷十期